U0631415

读者导向的图书馆服务模式研究

廉冰　著

北方联合出版传媒(集团)股份有限公司

万卷出版有限责任公司

图书在版编目（CIP）数据

读者导向的图书馆服务模式研究 / 廉冰著. -- 沈阳 ：
万卷出版有限责任公司，2024. 9. -- ISBN 978-7-5470
-6621-8

Ⅰ. G252

中国国家版本馆 CIP 数据核字第 20248UU337 号

出版发行：万卷出版有限责任公司

　　　　　　（地址：沈阳市和平区十一纬路29号　邮编：110003）

印　刷　者：济南文达印务有限公司

经　销　者：全国新华书店

幅面尺寸：170mm×240mm　　1/16

字　　　数：245千字

印　　　张：14.75

出版时间：2025年1月第1版

印刷时间：2025年1月第1次印刷

责任编辑：朱婷婷

责任校对：张　莹

装帧设计：瑞天书刊

ISBN 978-7-5470-6621-8

定　　　价：68.00元

联系电话：024-23284090

传　　　真：024-23284448

常年法律顾问：王　伟　版权所有　侵权必究　举报电话：024-23284090

如有印装质量问题，请与印刷厂联系。联系电话：0531-88670039

前　言

在数字化和信息化的时代背景下，图书馆作为知识的海洋和智慧的殿堂，正经历着前所未有的变革。为更好地服务广大读者，图书馆不断探索和创新服务模式，以提升服务质量。本书旨在系统研究公共图书馆在读者教育、文献服务、信息服务以及基础资源服务等方面的最新进展，为图书馆服务的创新与发展提供有益的参考和启示。

在深入分析读者教育与培训的过程中，本书详细探讨了如何通过教育培训提高读者的信息素养和图书馆利用能力，旨在培养读者的自主学习和终身学习能力。在文献服务内容的深入分析中，本书全面介绍了多元化的服务模式，如文献流通、传递、阅读推广和数字资源服务等，以满足读者对不同类型文献的需求。在信息服务内容的深入分析中，本书将重点关注智能参考咨询、定题信息服务以及科技查新等前沿信息服务方式，利用先进技术为读者提供精准、高效的信息服务。

此外，本书还从图书馆馆员的角度出发，分析智力资本与图书馆服务的关系，以及图书馆馆员职业素质对图书馆服务的影响。深入探讨了大数据环境下图书馆服务模式创新的发展方向，包括用户需求的变化、知识服务、智慧服务、开放服务以及数字人文服务和数字文旅融合服务等领域的未来发展趋势。

本书的目标读者是图书馆界人士、研究人员以及其他对图书馆服务感兴趣的读者。希望通过深入探讨图书馆服务的各个方面，激发更多关于图书馆未来发展的思考和创新。同时，本书还可作为图书馆学、信息管理等相关专业的教材或参考书，为学生提供全面的知识和实践指导。

在本书的撰写过程中，作者力求内容的系统性和完整性，同时注重理论与实践相结合。通过阅读本书，读者可以全面了解公共图书馆的最新发展动态，掌握图书馆服务的核心要素和关键技能。希望本书的出版能够对推动图书馆事业的持续发展作出积极的贡献。

目　录

第一章 公共图书馆读者服务体系

第一节 公共图书馆读者服务体系

一、公共图书馆读者服务体系概念

公共图书馆的读者服务体系以多元化服务为特点，不仅满足读者对传统印刷文献的需求，还适应了现代信息化的发展趋势。通过文献外借、馆内阅览、情报服务等多层次服务，公共图书馆提供了全方位的知识支持。这种服务方法体系的有机整合使得各项服务相互协同，为读者提供更为全面和深入的学习体验，不仅仅是图书的借阅，更是知识的传递和学术交流的平台。

二、公共图书馆服务体系构成

《公共图书馆服务规范》是由国家市场监督管理总局和国家标准化管理委员会批准发布的标准，编号为 GB/T28220—2023，框架结构包括范围、规范性引用文件、术语和定义、总则、服务资源、服务效能、服务宣传、服务监督与反馈等八个部分。规范中对公共图书馆服务提出了明确的规定，涵盖了多个方面。

（一）文献借阅、查询和阅读指导等服务

省、设区市和有条件的区县图书馆有责任主动提供参考咨询、教育培训、讲座、展览以及网上信息导航等延伸服务。要求不断创新服务项目和手段，以满足读者多层次、多样化的信息需求。此外，规定公共图书馆除了国家规定和古籍善本以及不宜外借的馆藏信息资源外，不得另行制定标准封存和限定文献借阅范围。

（二）倡导文明服务

公共图书馆在提供服务时应秉持文明原则，追求人性化、便利化和无障碍服务。其中，特别需要关注社会弱势群体，确保他们能够充分享受图书馆提供的各项服务权利。这一理念旨在构建一个包容和平等的知识共享环境，为社会的各个群体提供平等、便利的图书馆服务。

（三）延伸服务

公共图书馆应采取便民措施，包括设立预约借书、电话（或网上）续借、汽车图书馆、流动图书站点以及为特殊困难读者送书上门等服务。省、市和区县图书馆要设立咨询服务台，解答读者阅读方面的疑问，指导查找书刊资料，并主动为读者提供服务。

（四）免费服务

公共图书馆要求读者出示有效身份证件方可进馆阅览，也可办理读者阅览卡以便于管理。借阅图书需办理图书外借证，并缴纳图书押金。在办理阅览卡和外借证时，公共图书馆除了可以收取工本费和押金外，不得向读者收取其他费用。对于逾期未还或损坏图书的读者，公共图书馆可以适当收取费用，收费标准需经物价部门核准。

（五）专题信息服务

公共图书馆致力于为读者提供专业化的信息服务，包括收集各类专题资料、整理编写参考资料、提供代查代译及复印书刊资料等多元化的服务。

（六）知识产权保护服务

公共图书馆必须严格遵守法律法规，对馆藏信息资源的知识产权进行保护，同时保障读者的隐私权，确保不会泄露任何由读者提供的个人信息。

（七）便民服务

公共图书馆应积极提供便民服务，包括寄存、失物招领、饮用水、放大镜以及公用药箱等，以满足读者的日常需求。同时，省、设区市和区县图书馆应提供复印、打印、扫描和上网等服务，以方便读者获取信息和资源。

（八）网上服务

为了提高服务质量与效率，公共图书馆应创建官方网站，以便为读者提供线上服务。该网站应具备以下功能：文化信息资源共享、书目查询、服务信息发布以及设置读者信箱。此外，网站的内容应保持时效性，及时进行更新，以确保提供给读者的信息准确且具有参考价值。

（九）电子信息公益性服务

公共图书馆电子阅览室必须严格遵守公益性原则，坚决杜绝任何经营性活动和承包经营行为。其开放时间应与其他读者服务部门保持同步，以提供一致的服务体验。在开放期间，管理员须对读者的上网情况进行严密监控，严禁提供除文化和旅游部推荐的健康益智类游戏产品外的任何游戏娱乐服务，以及涉及色情、暴力等不健康内容的网站浏览服务。

（十）以人为本服务

公共图书馆服务应当遵循以人为本的原则，以实现优质、高效、便捷、可选择的服务为目标，努力提高服务质量。同时，图书馆需要充分统筹协调服务资源、服务效能、服务宣传、服务监督与反馈等方面的因素，以实现服务的全面可持续发展。

（十一）普遍均等服务

公共图书馆服务对象广泛，包括全体公众，特别需关注培养少年儿童阅读习惯，满足残疾人、老年人、进城务工者、农村和偏远地区公众等特殊群体需求。规范明确基本服务目标，包括提供多语种、多载体的正版文献的借阅服务、咨询服务、网络服务、弱势群体特殊服务、组织读者活动等。省级馆、地级馆、县级馆分工明确，县级馆以基本服务为主，省级馆和地级馆可开展专业服务和决策咨询。

三、公共图书馆读者服务体系内容

（一）流通阅览服务

公共图书馆以流通阅览服务为主要方式，涵盖馆内和馆外服务。馆内流通服务提供读者在图书馆内阅读的机会，而馆外流通服务则包括个人外借、集体外借和预约外借，其中个人外借是最主要的形式，为读者提供便捷的文献借阅服务。这一服务体系旨在满足读者多样化的阅读需求，强调了公共图书馆作为知识共享和文化传播的重要角色。集体外借主要服务于机关团体，以特定读者群为对象。其特点包括可以由一人代办、多人共用，由专人负责，外借文献品种多，数量大，周期长。这种服务方法方便读者，减少了其他读者外借文献的困难和时间，同时合理分配文献，缓解供求矛盾，节省接待读者的时间。预约借书是读者向图书馆预约登记需要但目前无法借到的文献，待文献归还后按登记顺序通知读者办理借阅手续。

1.外借服务

外借服务的起始点是办理借书证，作为读者的借书凭证，记录了个人信息和借阅详情。随着读者数量和需求的增加，图书馆提供了多种借阅证类型，包括临时阅览证、全年阅览证等，以满足不同读者的多样化需求。这种差异化的服务方式使图书馆能够更灵活地满足社会各层次读者的文献利用需求。

外借服务可分为闭架外借、开架外借、半开架外借三种形式。

闭架外借是指图书馆的外借文献不直接面向读者，主要包括期刊合订本、外文文献等。在此制度下，读者不能自由进入书库挑选书刊，而需通过图书馆目录查询，填写索书单，由馆员凭索书单取出文献并办理外借手续。

开架外借是指图书馆将文献直接向读者开放，使其可以在书架前自由选择。主要适用于文学类、综合性图书。在实施开架借阅的图书馆中，读者可以自由进入书库，直接从书架上挑选文献，也可通过目录查询文献位置后自行取书，然后办理外借手续。

半开架外借是指图书馆根据馆藏情况，在特殊的透明式玻璃隔离书架上展示一部分最新、热门和复本较多的书刊，供读者选择借阅。读者可以在这个半开放的书架上浏览书脊和封面等信息，需要时可由馆员取出，经过浏览后决定是否借阅。

图书馆在为读者提供外借服务时，应根据实际情况采取不同的外借方式。灵活选择开架外借适用于读者需求大的书刊，而半开架外借适用于品种少、价值较高的文献，而闭架外借则适用于流通量较少或珍贵稀少的文献。这种因地制宜的灵活策略能够更好地满足读者的不同需求和文献的特性。

信息技术和计算机技术的普及使得图书馆馆外借阅服务发生革新。自动化集成管理系统的应用使得图书馆实现了自动借阅、多媒体资料观看和听取等操作。通过计算机和网络，读者可以在网上进行续借、预约、浏览电子读物等，这种现代化管理方式打破了传统的流通服务方式，特别受到边远地区和无法亲临图书馆的读者欢迎。

2.阅览服务

阅览服务是指图书馆为读者提供阅览室，供其在馆内利用文献的服务方式。这种服务方式在馆内组织读者利用书刊资料，解决了文献外借的不便，特别是对于不可外借的文献。公共图书馆通过按读者对象、藏书类型、学科门类等设置普通阅览室、期刊阅览室、社科阅览室等，以满足不同读者的阅读需求。这种服务方式有助于提供更为集中、有序的文献利用环境。

3.流通站服务

流通站服务是图书馆将部分馆藏送到馆外，建立流动站点，以扩大图书外借方式的服务。这些站点可以设在各类机构，通过定期送新书并进行图书更新，方便基层读者。汽车图书馆是流动图书馆的一种服务方式，通过装有书架和借书桌等设备的汽车，将图书送到厂矿、农村或偏远地方，提供阅览和外借服务。这种馆外流通服务使图书馆更加主动地满足读者需求，体现了现代图书馆服务的指导思想。

无线通信技术的发展使得流动图书车与公共图书馆服务联系更为紧密，提供了在线预约、通借通还等多种服务功能。流动图书车不仅提供印刷型文献的流动服务，还携带了录音录像磁带、科技电影和播放设备。主要服务于公共图书馆服务未覆盖的偏远地区，扩大图书流通范围，具有灵活、节省投资的特点，成为补充公共图书馆服务体系的有效方式。流动借书已经成为图书馆主动为读者提供服务的重要方式之一，具体服务方式主要有以下几种：

（1）在人口相对集中的地方，如工矿企业、事业单位、国家机关、城乡居民点等，建立"流动服务站"。这些服务站挑选实用性强的优秀文献，通过定期交换的方式为读者提供借阅服务。

（2）图书馆通过装备的汽车或其他运输工具，将经过挑选的文献送到馆外读者聚集的地点，实行巡回流动外借服务。这种服务方式主要服务于偏远的农村、山区和远离图书馆的地区，是图书馆主动为这些地区的读者提供服务的一种有效方式。巡回流动外借服务已经成为许多图书馆为读者服务的基本方式之一，使阅读资源更广泛地覆盖各个地区。

（3）为了满足重点服务单位、服务对象以及无法亲临图书馆的读者用户的需求，图书馆采取主动送书上门的外借服务方式。这种服务方式受到重点读者和残疾人读者的欢迎，同时对于图书馆进行科研生产和课题跟踪服务也具有显著效果。各种外借服务方式的目的在于方便读者，满足他们对馆藏文献的需求，促进图书馆服务工作的开展。

（二）馆际互借与文献传递服务

馆际互借是图书馆根据协定相互借阅对方馆藏，以满足本馆读者的文献需求，实现资源共享。这种方式不仅在国内各图书馆之间开展，还可涵盖国际范围。馆际互借主要服务于读者的科研和生产建设需要，而互借的图书馆通常会有相应的协定或规则，同时借助现代技术，如复制和传真，使文献的传递更为便捷。良好的电子通信设施和联合目录的编制与利用是进行馆际互借的重要条件。一些经济发达国家建立了馆际互借自动化系统。国内的信息机构和公共图书馆也在"互惠互利、平等合作"的原则下，开展馆际互借服务，旨在弥补馆藏不足，避免信息资源采购的重复浪费，实现馆际文献信息资源的互补，形成文献信息资源保障体系，以最大程度满足用户的信息需求。具体的馆际互借程序如下：

1.提交申请

读者需根据需求填写馆际互借申请单，详细注明所需文献的信息，并提供联系方式，包括作者、出版社、版次、ISBN 等细节，并明确可接受的文献价格范围。在网络环境下，各种基于网络的馆际互借自动化系统得到广泛应用，读者可通过系统直接提交文献传递申请。

2.借入

当图书馆接收到读者的申请后，会查询确认本馆是否已经收藏了所需文献。如果未收藏，图书馆将通过馆际联合目录查询，找到协作图书馆中拥有该文献的馆藏信息，并向该协作图书馆提交馆际互借申请。

3.借出

协作图书馆在收到馆际互借申请后，按照相关法规借出所需的文献。文献的借出方式包括 E-mail、平信、快递、传真等多种方式，同时，借出的文献分为返还和非返还两类，满足读者的不同需求。

4.付费

根据馆际互借协议，用户需要支付文献传递费用，而支付方式多种多样，可采取预付款、年终结算等方式。文献传递服务是馆际互借在网络环境下的延伸，用户通过检索工具确定资料收藏地址后向信息服务机构提交服务申请。信息服务机构依据申请获取文献，并通过 E-mail、传真、邮寄等途径传递给用户。这种服务通过公共图书馆服务体系的网络优势，实现了对外部文献资源的最大限度利用，满足读者不断变化的文献需求。

（三）文献复制

文献复制服务是图书馆通过复印、扫描、照相等方式为读者提供文献资料的服务。这一服务为用户获取文献资料提供了重要的辅助手段，尤其适用于不能亲自到馆的读者。服务方式包括传真、邮寄等，以满足用户的需求。

文献复制服务不仅是阅览服务和外借服务的延伸，同时也是其他服务方式中读者获取文献的补充和发展。该服务通过多种手段，包括复印、扫描、照相等，应用于情报部门搜集存储文献的工作以及用户、个人读者获取、交流文献的活动。

1.文献的静电复印

近几十年来，复印技术得到迅速发展，主要通过静电复印机或类似手段获取复制件。静电复印作为图书馆最常用的复制手段，为读者提供了可直接阅读的复印件。复印机已经广泛普及到几乎所有的图书馆、机关单位甚至家庭。在文献搜集和保存方面，也应用了照相技术。静电复印技术主要关注文献服务的传递和使用，而照相技术则更专注于文献的搜集和保存。

2.文献的缩微复制

文献的缩微复制利用照相方法，将文献按极高缩小比例记录在感光材料上。这项技术不仅可以节省存储空间，而且图书馆常用它来复制馆藏的珍本和各种书刊文献。缩微品有着小体积、规格一致、保存期长、复制性能好、成本低廉、可与计算机结合等优点，被广泛应用于长期保存珍贵文献和提供检索。随着计算机技术的发展，缩微复制技术也能将缩微信息直接输入计算机，将计算机存储的文献信息直接转化成缩微品。

3.电脑复制法

电脑复制法是一种利用电子计算机和操作系统软件进行文献复制的高科技方法。通过拷贝、剪切、粘贴等命令，它可以方便地复制单个文件或整个软盘中的文献，支持在单机或网络环境下进行复制，并允许在不同电脑之间传递文献。此方法还可实现文献的硬盘到软盘、A 软盘到 B 软盘、硬盘到光盘等多种复制操作。配置相应设备和软件后，还可进行大批量文献复制。电脑复制法因其便捷性和高效性，受到欢迎。

（四）参考咨询服务

参考咨询服务是通过各种文献和信息资源，针对读者提出的问题，利用参考工具、检索工具、互联网等方式，为读者提供检索、揭示文献及文献知识或线索的服务。此外，还包括在读者使用不熟悉的检索工具方面提供辅导和帮助，以解答读者的疑难问题。

参考咨询服务是公共图书馆提供读者服务的重要特征，通过充分整合同类型图书馆的资源、馆员专业知识以及网络功能，旨在为读者和企事业单位提供更准确、更方便、更迅速的服务。

1.参考咨询服务的类型

（1）辅导性咨询是一种方法性咨询，专注于解决读者在查找文献和使用图书馆过程中遇到的困难。其独特之处在于，参考咨询人员通过指导阅读、普及检索知识，向读者介绍相关专业的主要检索工具及其使用方法，实现了"授人以渔"的目标，使读者更加熟练地利用图书馆资源。

（2）事实性咨询专注于解答读者关于某项具体知识的疑难问题，包括对人物、事件、产品、数据等的查找。这种咨询的特点在于其检索目的明确，知识面广泛，内容专指性强，可靠性高。为解答此类问题，参考咨询人员需要深入了解相关知识，分析问题实质，判断检索结果，并向读者提供承载各种观点的文献资料，注明出处，以供读者选择。

（3）专题性咨询是一项服务工作，着重于为科研、教学和研究工作中的特定课题提供相关文献、文献线索和最新进展的信息。其特点在于对课题的系统知识解答，要求具备较强的学术素养和检索能力。这种咨询形式为专业领域的从业者提供了有针对性的信息支持，助力他们更深入地开展相关工作。

2.参考咨询岗位的设置

（1）图书馆服务包括总咨询台、网上咨询 FAQ（常见问题解答）和大厅触摸屏。总咨询台专注于为到馆读者提供指向性咨询和导读服务，回答有关文献资料获取的指向性问题。网上咨询 FAQ 和大厅触摸屏则用于解答读者常见问题，提供便捷的在线信息查询和服务交互。

（2）阅览室参考咨询岗专注于解答与本室收藏文献及简单专题检索相关的问题。在面对复杂深层次咨询或读者对解答不满意的情况下，读者可寻求高级咨询岗的进一步帮助。

（3）网上参考咨询岗采用数字化资源和现代技术，通过网络资源和电子文献资源提供系统性和专题性的参考咨询服务。以电子邮件和信息推送为主要方式，形成了特色资源与良好服务相融合的电子咨询体系。

（4）图书馆的高级咨询岗位位于工具书阅览室和重点读者服务处，由副研究馆员或研究馆员担任，专门负责解答复杂疑难问题。他们的服务不仅限于馆藏，还能灵活运用丰富多样的工具。高级咨询岗主要处理工作繁重的专题和深度专业咨询，必要时可协助信息开发中心等部门解决问题。信息开发中心则承担大型综合性咨询服务，并为省级领导机关提供信息支持。此外，还提供网上数据库查询和在线咨询服务，进一步满足读者的多样需求。

（五）网络信息服务

网络信息服务是公共图书馆利用互联网和信息技术手段，提供不受时空限制的多样化服务，包括书目检索、参考咨询、文献提供、电子公告、论坛、意见征询、信息通告和资源导引等。服务形式涵盖了网络数据库、电子期刊、虚拟参考咨询、个性化信息推送等，同时还包括建立学科信息门户网站。尽管这种服务相对较新，但在短时间内展现出高效率和高效益的特点，随着文献信息自动化的不断发展，展现了良好的发展前景。

1.网络信息导航

公共图书馆的服务不仅包括本馆馆藏，还致力于通过互联网为用户提供网上信息。然而，互联网上的信息众多、分散，质量良莠不一，管理混乱，缺乏统一的信息存储标准，给用户查找信息带来了困难。为解决这一问题，图书馆的职责在于为用户提供质量可靠、便捷登录、经济实惠、用户友好的网上信息资源，并通过提供网络导航服务，帮助用户在庞大的信息海洋中快速、准确地找到所需信息。

网络信息资源导航的核心目标是提供权威、可靠、规范且可持续的网络信息资源服务。该导航服务专注于某一研究领域或专题，通过对互联网上可免费获取且具有学术参考价值的信息资源进行搜集、鉴别、分类、描述以及有序化重组，最终制作成带有分类目录结构的网络信息资源集成平台。

2.文献检索与传递

图书馆之间通过互联网和公共检索目录的联机方式实现了馆藏信息的共享。这包括了图书、期刊、学位论文、标准、专利等多种文献类型的相互查询。通过联机检索，各图书馆能够了解和获取彼此的信息资源，弥补自身馆藏的不足，满足读者的需求。读者通过联机检索可以获取馆藏信息，根据需要提交馆际互借请求，以电子邮件等方式获得文献传递服务，从而实现信息资源的共享。

3.信息查询与咨询

图书馆为读者提供了便捷的网络服务平台，使他们能够通过查询外借信息了解借阅文献的详情，包括数量、名称、时间期限，并进行文献预约和续借操作，同时方便查收催还通知。此外，信息咨询服务也实现了个性化，包括定题服务、期刊目次报道、代查代检、编译服务和咨询解答等。网上图书馆的信息服务不受时间和地域的限制，使馆际之间能够实现互查互借服务，为读者提供更加灵活和高效的图书借阅体验。

4.馆情介绍

图书馆充分发挥多媒体技术和网络平台的优势，通过生动形象的方式展示建馆历史、发展变化、位置分布、建筑面积、机构设置、馆藏特色、利用指南等信息。读者能够轻松获取入馆须知、开馆时间、借阅规则、借阅证办理、楼层分布、服务项目、常见问题解答、文献检索指南、网上培训等内容。图书馆及时向读者发布动态消息，包括通知、学术交流、会议、展览、讲座信息，快速报道新书目录、新期刊目次、新购进电子文献数据库等。同时，读者有机会提出征订意见和建议，图书馆会根据反馈信息进行及时调整和处理，实现了读者与图书馆的互动和信息共享。

（六）视听文献服务

视听文献是一种以磁性材料、光学材料等为记录载体，通过专门的机械装置记录和显示声音和图像的文献形式，也被称为声像资料、视听资料或音像制品。它包括了多种类型，如唱片、录音带、幻灯片、电影胶片、录像带、激光录像盘、激光唱盘、多媒体学习工具、程序化学习工具、游戏卡等。音像文献的特点在于能够利用声音和图像传递信息，具有高存储密度、内容直观真实、表现力强、易被接受和理解，传播效果好等优势。

视听文献作为第三代图书，以其在容量、成本、信息更新、存储检索等方面的优势，成功取代传统印刷型文献，成为图书出版业的翘楚。它融合文、声、图、像，呈现出生动感人的效果，深受读者青睐。在我国，光盘制作涵盖多种类型，同时电子出版物的发展也从娱乐性向内涵丰富、思想深刻、品位高雅、具有保存价值的方向演进。这种多样化的文献形式丰富了人们获取知识和娱乐的途径，为图书出版业带来了全新的发展机遇。

视听文献服务是伴随着视听文献崛起的一种文献信息服务方式，通过图书馆采用电子化设备，对视听型文献进行搜集、整理和存储，实现了文献信息的传播和交流，为读者提供了现代化的文献服务。这种服务方式不仅是图书馆服务的一种创新，也是图书馆现代化建设的重要标志。

1.视听文献服务类型

与传统图书馆服务不同，视听文献服务依赖特定设备条件。图书馆实施视听文献服务通常采用三种方式：设立视听室提供馆内服务，选择部分视听文献进行外借服务，并通过会员制在读者范围内推行自由交换服务。这些灵活的服务方式充分展现了图书馆在适应数字化时代的文献需求方面的创新和变革。

馆内视听服务通过在图书馆设置不同类型的视听室，为读者提供方便，使其能够充分利用各种内容和载体的视听文献。这一服务的常见做法包括设置各种专用的视听服务室，以满足读者对多样化文献资源的需求。

（1）音像文献视听室作为图书馆为读者提供的一项重要服务，通过配置各种录放像设备和建立多媒体系统，为个体和集体读者提供了丰富的学习、研究和欣赏音像文献的空间。读者可在此获取科学知识，学习语言，同时尽情享受音乐、电影等的乐趣。对于图书馆而言，建立各种规模的视听空间，既满足了个体需求，又服务于集体，为读者提供了更多、更优质、更便捷的体验。

（2）电子文献阅览室标志着图书馆阅览服务的现代化演进，从传统的图书和期刊向多媒体电子出版物和网络信息拓展。这一变革使阅览室工作朝着自动化、网络化、智能化的方向发展，为读者提供了更为丰富、多样、生动、感染力强的视听体验。读者不仅能在此尽情享受多媒体内容，还能以广泛、快速、精准的方式获取所需的文献信息，使阅读变得更加便捷和愉悦。

（3）网络资源检索室是图书馆在数字时代为读者提供的现代化服务空间，通过互联网平台和计算机等设备，实现了远程检索。在我国电信事业迅猛发展的背景下，越来越多的图书馆允许读者通过计算机终端设备远程上网检索虚拟文献，服务内容也不断扩充，包括网上邮箱、网络电话等服务的推出。读者可以免费获取各种网络文献信息资源，也有机会有偿获得个人所需的文献信息资源，为信息检索提供了更便捷、多样的选择。

（4）缩微文献阅览室是图书馆通过配置各类缩微文献阅读器等设备，为读者提供查找和利用馆藏缩微品的服务系统。为了加速抢救保存珍贵历史文献的工作，我国许多图书馆依托全国图书馆文献缩微中心，引入高技术含量的缩微拍摄编辑制作系统，生产大量品质优良的缩微型图书。为方便读者查找和利用馆藏的珍贵历史文献，一些图书馆建立了缩微文献阅览室，并专门配置了缩微阅读复印机，为读者提供更加便捷的服务。

2.视听文献外借流通服务

随着社会发展，图书馆服务理念逐渐转变，从过去的阵地服务向更为开放的"以人为本"模式转变。其中，视听文献的外借服务成为重要举措，尽管面临管理和运作上的复杂性。各图书馆为了方便读者使用，采取不同的外借方式，旨在最大程度地利用图书馆的视听资源。这一变革标志着图书馆在适应社会需求、提升服务水平方面取得重要进展。

（七）读者教育培训工作

读者教育培训工作是图书馆通过充分利用资源和专业知识，为读者提供个性化的阅读指导和培训服务。其目的在于培养读者对文献信息的认识和利用能力，拓展知识面，提高信息利用技能。通过这一过程，读者不仅能够更好地了解图书馆的馆藏和服务，还能掌握文献检索和利用的方法，从而增强解决实际问题的信息意识。为了成功进行读者教育培训工作，馆员需要全面了解读者需求，同时熟悉藏书、图书馆各种目录和现代检索工具的使用。只有熟练掌握图书馆业务知识，馆员才能有效地协助读者解决问题，帮助他们了解图书馆的性质、职能、任务和发展状况。在此基础上，馆员还需要介绍图书馆藏书资源的范围、结构、使用方法、服务手段、设施、借阅规则等。读者教育可以通过多种方式实施，包括培训班、讲座、个别辅导、参观、展览、讨论会、知识竞赛，以及提供宣传品和指南、触摸屏指南、网上课件等，以更好地满足读者的需求。

1.读者培训方式与方法

（1）群体教育培训法是图书馆工作人员根据读者的层次差异，通过组织学习班、讲习班、研讨班、训练班等形式的培训活动，系统地传授图书馆相关知识和利用方法。这种方法旨在让读者全面了解图书馆，使其能够更好地利用图书馆资源，发挥图书馆的重要作用。

（2）个别辅导法是一种以一对一的方式进行的培训方法，图书馆工作人员通过面对面、信函、电话、电邮等方式向读者传授相关知识、使用方法和技巧。相比于其他培训形式，个别辅导不需要复杂的组织和大量的培训资源，具有灵活性和针对性，是一种简单易行且行之有效的培训方式。

2.读者教育内容

（1）信息素质是指个体获取、分析、整理、加工和利用信息的意识、知识和技能的整体品质，体现在信息利用的过程和结果上。它跨足多个知识领域，与人文、技术、经济、法律等多方面密切相关，主要包括信息意识、信息能力、信息道德三个方面：信息意识关注个体对信息的认知和自我感悟；信息能力包括多方面的信息处理技能；信息道德则涉及整个信息活动中各方关系的行为规范。信息素质教育是一种终身教育，为个体在不同发展阶段提供重要支持。

（2）图书馆认知与利用旨在通过向读者介绍图书馆的基本情况，包括馆藏分布、文献特点、服务项目等，提高读者对图书馆的认知水平，为其更有效地利用图书馆提供了条件。通过各种服务手段，图书馆向读者传达馆藏文献的类型、数量、特点、重点、范围、存放位置等信息，帮助读者迅速、准确地获取所需的知识和信息。

（八）情报研究服务

情报研究服务是一种深层次的参考咨询，也是科学研究的前期工作，通常需要高水平和较长时间，但能够协助科研人员选择科技策略，提高效率，减少浪费，节省时间和精力。各大中型图书馆都设有咨询服务部门，提供专业服务。一些图书馆还设立联合咨询委员会，组织专业人才解答读者各种咨询问题。情报研究服务包括定题服务、专题数据库建设、信息调研、编译服务、综述和预测分析报告等。

首先，定题服务是信息机构根据经济建设和用户研究需求，选择研究课题或关键问题为目标，通过深入的信息收集、筛选、整理，并定期或不定期地向用户提供信息，直至协助课题完成的一种连续性服务。这种服务是情报检索的延伸，具有主动性、针对性和有效性等特点，能够更直接地满足用户特定研究需求。

其次，专题数据库是图书馆对具有资源优势的专题信息资源进行二次加工，以使其有机组织并系统化，通过知识挖掘、重组和再造，发现其中有用的知识单元并整合成知识产品的数据库。专题数据库具有明显的针对性，但在搜集、筛选、整理最新信息、研究动态和成果方面需要耗费相当的人力和物力。当今，评估图书馆服务能力不再仅限于传统的纸质和电子文献，专题数据库的建设已成为文献信息资源建设的重要指标和新的亮点。

再次，信息调研是指信息服务工作者通过搜集、整理、分析和研究，将研究成果专业地提供给用户的服务。这种服务具有专业性强、层次高的特点，因此受到用户的欢迎。

最后，编译服务是图书馆为了满足读者需求，根据需要编写或翻译中外文资料，帮助读者克服语言障碍，更顺利地利用文献。这项服务包括两个方面，即编写和翻译。编写主要涉及应用文类的文稿，适用于公共图书馆等读者需求较多的场景。翻译部分涵盖将中文文献译成外文，或将外文资料译成中文。而翻译服务则可采用口头翻译、笔头翻译、人工翻译、计算机翻译、委托代译和交流编译等多种形式。

随着图书馆服务方式的创新和变革，新的读者服务体系中出现了总分馆服务形式。《公共图书馆服务规范》明确指出，公共图书馆应在政府主导、多级投入、集中分层管理、资源共享的原则下，建立普遍均等的服务体系。通过因地制宜地推行形式多样的总分馆服务，实现机构标识和业务规范的统一，建立高效的文献分拣传递物流体系，以提升同一地区公共图书馆系统的整体形象和服务水平。

第二节　公共图书馆读者服务法规制度

一、公共图书馆读者服务法规制度内容

《公共图书馆服务规范》的内容包括以下几点：

（一）范围

本标准明确规定了图书馆服务资源、服务效能、服务传递、服务监督与反馈等方面的内容。适用对象包括县（市）级以上的公共图书馆，对于街道、乡镇级公共图书馆以及社区、乡村和社会力量开办公共图书馆基层服务点提供了可供参考的执行指引。

（二）术语和定义

1.公共图书馆

公益性公共图书馆是由各级政府或社会力量投资兴办，向社会公众开放的文献信息资源设施。这类图书馆拥有收集、整理、存储、传播、研究和服务等多功能，致力于提供公益性的公共文化与社会教育服务。

2.公共文化服务体系

公共文化服务网络以政府为主导，以公益性文化单位为骨干，鼓励全社会积极参与，构建以公共文化产品供给、设施网络、资金人才技术保障、组织支撑和运行评估为基本框架的覆盖全社会的网络架构。其建设原则包括结构合理、发展平衡、网络健全、运行有效、惠及全民，体现公益性、基本性、均等性和便捷性的发展定位。

3.服务资源

公共图书馆在服务过程中拥有的物质要素主要包括硬件资源（设施设备）、人力资源（工作人员）、文献资源（馆藏文献）和经费资源。

4.服务效能

公共图书馆投入的各项资源在满足读者和用户需求中发挥着关键作用，体现了图书馆服务的能力和效率。

5.区域服务人口数

各级公共图书馆所在行政区域的常住人口数。

6.呈缴本

呈缴本制度是根据相关法律或法令规定，出版者每出版一本新书刊都需要免费提供一定数量的样本给指定图书馆的制度。这些提供的样本被称为呈缴本。

7.文献提供

文献提供也可称文献传递，是图书馆或其他文献机构根据读者需求，通过互联网、电子邮件、邮递等方式直接提供所需原始文献和复制文献的服务。

（三）总则

第一，本标准的制定旨在推动公共图书馆事业的发展，构建全社会覆盖的公共文化服务体系，确保公众基本文化权益，改善公共图书馆的服务条件，以提升服务效能和管理效益。

第二，公共图书馆服务是通过丰富资源和专业能力，满足公众日益增长的对知识、信息及相关文化活动的需求。这一服务的基本原则是提供免费服务，确保知识的无障碍获取，促进社会的文化普及和共享。

第三，公共图书馆服务以人为本，致力于提供就近、便捷、可选择、温馨的服务，并不断改进服务质量。在此基础上，要全面考虑服务资源、服务效能、服务宣传、服务监督与反馈等方面，以促进服务的协调和可持续发展。

第四，公共图书馆服务面向所有公众，特别关注培养少年儿童的阅读习惯，并努力满足残疾人、老年人、进城务工者、农村和偏远地区等特殊群体的需求。

第五，本标准作为公共图书馆服务的全国性统一标准，承担着检验服务效能与管理水平的任务，同时也是评估公共图书馆服务水平的重要依据。

第六，在公共图书馆的服务与管理中，除了要执行本标准的相关规定外，还必须符合现行的相关国家标准和规范。

（四）服务资源

1.馆舍建筑指标

公共图书馆的建设与布局应以普遍均等为原则，确保选址兼顾服务半径、服务人口等因素。服务人口范围涵盖常住居民，并需遵循相关规定执行，尤其是（建标 108-2008）《公共图书馆建设标准》。在建设过程中，必须考虑阅览空间和服务能力，包括总建筑面积、阅览室用房使用面积的比例以及总阅览座位数等关键指标。为了确保广泛的读者群体能够平等享受服务，还需要提供无障碍服务设施，以满足残障读者的特殊需求。

（1）在公共图书馆的建筑规划中，读者服务被置于核心地位。布局的设计应与图书馆的管理方式和服务手段相协调，确保分区明晰，布局合理，通道畅通，安全节能，并注重良好的朝向和通风。特别是少年儿童阅览区，建议实现与成人区的明确分隔，采用独立入口，同时可考虑提供室外活动场地，以创造更适宜他们学习和娱乐的环境。对于视障读者，建议将其阅览室设计在平行层，介于图书馆本体建筑与社会公共通道之间，以提供更为便利的访问。

（2）为了满足读者的信息需求，公共图书馆需配置充足的计算机设备供读者使用。各级政府在此方面应承担责任，通过支持图书馆获取与当地经济和技术发展水平相适应的信息技术设备，确保图书馆能够提供先进而高效的电子信息服务。

2.人力资源

（1）人员要求：公共图书馆的工作人员在服务中应具备专业训练和良好职业道德，要实现平等对待读者，尊重并维护读者的隐私。上岗时，工作人员须挂牌，保持仪表端庄，使用文明用语。同时，工作人员要以热忱的态度，努力为读者提供准确全面的信息服务。

（2）人员配备：为了保障公共图书馆的正常运作，应配备适当数量的工作人员。其中，在编人员中，专业技术人员的比例应达到 75%以上，以确保图书馆能够提供高水平的专业服务。对于少数民族自治地区的公共图书馆，有必要配备熟悉少数民族语言文字的专业技术人员，以更好地满足当地多元文化的需求。

公共图书馆专业技术人员的资格要求较为明确。符合条件的人员包括具备初级及以上专业技术职务资格的个体，以及持有图书馆学专业（或图书情报专业）专科或以上学历的人员。对于非相关专业学历的人员，须通过省级及以上学会（协会）、图书馆、大学院系举办的图书馆学专业（或图书情报专业）培训，培训课时不少于 320 学时，并且成绩须合格。

（3）人员数量：确定公共图书馆工作人员数量的依据应为所在区域的服务人口数。推荐的配备标准是每服务 10000～25000 人应有 1 名工作人员。此外，配备人员数量的确定还需综合考虑服务时间、馆舍规模、馆藏资源数量以及年度读者服务量等多方面因素。

（4）教育培训：为提升工作人员的专业水平，公共图书馆应持续实施全员教育培训计划。年度人员教育培训经费预算建议占职工年工资总额的 1.5%～2.5%，以确保足够的资源用于培训。每年人均受教育培训时间应不少于 90 学时，以保证每位工作人员有足够的学习时间，提高其专业素养。

（5）志愿者队伍：为丰富图书馆服务，公共图书馆应推行志愿者服务机制。该机制旨在吸引更多图书馆工作人员和社会公众参与志愿者队伍，共同为图书馆的发展和服务贡献力量。

3.文献资源

（1）在馆藏文献资源建设中，需遵循多项原则。首先，要与读者需求和本地区经济、文化、社会事业发展相适应，以满足不断增长的需求。其次，要符合国家知识产权保护法律法规的要求，确保合法获取和使用文献资源。同时，建设需与本馆的文献资源规划、采集方针和服务功能相一致，以形成有机的整体。此外，建设还应有利于形成资源体系和特色，促进区域文献资源的共建共享，并有助于积淀和丰富历史文献，为读者提供更为丰富的知识服务。

（2）公共图书馆的馆藏文献涵盖印刷型文献、电子文献和缩微文献。印刷型文献的馆藏以图书和报刊合订本的册数计算，省级、地级、县级馆的馆藏目标分别为 135 万册、24 万册、4.5 万册以上，而年人均新增馆藏量则应分别达到 0.017、0.01、0.006 册以上。电子文献包括电子图书、电子报刊和视听资料等，以品种数计算，省级、地级、县级馆的年入藏量目标为 9000 种、500 种、100 种以上。

（3）少数民族集聚地区的公共图书馆在职能中应包括收藏和服务该地区少数民族文字文献资料，以满足当地特殊需求。对于其他地区的公共图书馆，同样应考虑本地少数民族的状况，收藏相适应的少数民族语言文献，以促进文化多样性的传承和推动全社会对少数民族文化的理解。

（4）省级公共图书馆具有法定责任，需要接收所在省（市）出版机构呈缴的出版物并保存地方文献版本。在进行呈缴本的入藏时，必须遵循图书馆的文献入藏原则和范围。此外，征集的呈缴本品种和数量应该占地方正式出版物的 70%以上，以确保馆藏的代表性和广泛性，为读者提供更全面的地方文献资源。

（5）公共图书馆在服务职能中应承担起当地政府出版物的征集、保存和服务工作。为了更好地满足公众需求，图书馆还需要设立政府公开信息查阅点，以便读者能够方便地获取相关信息。

（6）为保障公共图书馆服务正常开展，文献购置经费应由各级政府专款专用。年人均文献购置费的标准为省级馆 0.52 元以上、地级馆 0.3 元以上、县级馆 0.18 元以上。这一经费投入标准旨在确保公共图书馆能够购置充足的文献资源，满足读者需求。同时要求购置经费的增长应与财政收入同步增加，以适应服务水平的提升和文献资源的不断扩充。

为适应数字化时代的发展，图书馆应在文献购置经费中设立专项经费用于购置电子文献。同时，根据馆藏结构和文献利用情况，需要逐年提高或灵活调整电子文献与印刷型文献的购置比例。

（五）服务效能

1.基本服务

公共图书馆的基本服务目标是保障和满足公众的基本文化需求。这包括免费提供多语种、多种载体的文献的借阅服务，为读者提供一般性的咨询服务，组织各类读者活动，以及提供其他公益性服务，满足社区的多元需求。

（1）服务时间：为了更好地服务公众，公共图书馆应设有固定的开放时间，并在双休日对外开放。公共图书馆应当通过其网站或者其他方式向社会公告本馆的服务内容、开放时间、借阅规则等；因故闭馆或者更改开放时间的，除遇不可抗力外，应当提前公告。省级馆、地级馆、县级馆每周的开放时间分别规定为不少于 64 小时、60 小时、56 小时，以确保读者能够在不同时间段方便地使用图书馆资源。独立建制的少年儿童图书馆则应每周开放不少于 40 小时，以满足小读者的学习和阅读需求。

（2）流动服务：为更好地服务社区和村镇，公共图书馆应通过流动站、流动车等灵活形式，将文献外借服务和其他图书馆服务延伸至不便前往图书馆的地方。定期开展巡回流动服务，有助于满足不同地区读者的阅读和学习需求，使图书馆服务真正覆盖社会的各个角落。

（3）总分馆服务：在政府主导、多级投入、集中分层管理、资源共享的原则下，公共图书馆应建立普遍均等的服务体系。通过因地制宜地开展形式多样的总分馆服务，实现统一的机构标识和业务规范，同时建立便捷的通借通还文献分拣传递物流体系，有助于提升同一地区公共图书馆系统的整体形象和服务能力。

2.拓展服务

（1）为提供更便捷的服务，公共图书馆应充分利用互联网、手机等信息技术手段，开展远程服务。这包括通过网络进行书目检索、提供参考咨询、远程文献提供等服务，使用户能够在不受时空限制的情况下方便地获取图书馆的资源和信息。

（2）公共图书馆可以为不同群体提供多样化、灵活、有针对性的个性化服务。这包括面向个人、企事业机构和政府部门提供专门定制的服务，以满足不同用户的特殊需求。

3.服务效率

（1）为提高效率，公共图书馆应根据文献资源类型和来源差异，优化文献加工处理流程。文献加工处理时间以文献到馆至文献上架（或上线）服务的时间间隔计算，其中规定报纸当天上架，期刊 2 个工作日内上架。对于省级、地级、县级馆，目标是在 20、15、7 个工作日内完成图书上架服务。

（2）为提高闭架文献的获取效率，公共图书馆规定闭架文献获取时间以读者递交调阅单到读者获取文献之间的间隔时间计算。一般闭架文献的提供时间不超过 30 分钟，而外围书库文献的提供时间则不超过 2 个工作日。对于古籍等特种文献，将执行相关规定。

（3）为确保读者能够方便快捷地找到需要的图书，公共图书馆规定开架图书应按《中国图书馆分类法》分类号顺序排列整齐。要求省级馆、地级馆和县级馆的开架图书排架正确率分别不低于 96%、95%、94%。

（4）为促进图书馆的活跃度和服务效果，公共图书馆应以外借文献册数为指标，合理调整外借文献范围、外借文献册数、借期等流通规则。

（5）为评估图书馆的服务效果，公共图书馆应根据已外借文献量占有效持证读者总数和服务人口总数的比例，计算人均借阅量。为提升服务水平，图书馆应适时调整外借册数、借期等流通规则，并在合理范围内保持人均借阅量逐年增长。

（6）为促使读者更好地利用电子文献资源，公共图书馆应积极宣传电子文献，并组织电子文献使用辅导讲座。这些讲座旨在提升读者对电子文献的信息素养，使其能够更有效地检索数据库和下载全文。

（7）为提高文献服务效率，文献提供响应时间被定义为收到读者文献请求至回复读者之间的时间。规定响应时间不超过 2 个工作日，并要求明确告知读者文献获取的具体时间。

（8）为提供更便捷的文献咨询服务，公共图书馆需提供多样化的服务方式，包括现场、电话、信件、传真、电子邮件、网上实时、短信等。响应时间是以收到读者咨询提问至回复读者之间的时间计算。其中，现场、电话、网上实时咨询在服务时间内需当即回复读者，其他方式的咨询服务响应时间不超过 2 个工作日。

（六）服务宣传

1.导引标识

公共图书馆导引标识系统的建立应遵循国家标准，采用标准文字和图形，使其具备通用性和可读性。导向标识要在主体建筑外显著设置，入口处明示区域划分，方便读者迅速找到目标区域。每一楼层都需要明确的布局功能标识，如文献排架标识和无障碍标识，以提升图书馆服务的便利性和无障碍性。

2.服务告示

公共图书馆应将基本服务政策，涵盖服务范围、内容、时间、公约、借阅规则等内容，在馆内显著位置和官方网站上进行公示，以保障读者了解并遵守相关规定。同时，其他服务政策和各类服务信息也应通过多样化途径向读者传达，确保信息的广泛传播。对于闭馆告示，除了提前一周的正常公告，如有突发事件需要临时闭馆或调整服务，应及时发布告示，保障读者知情权和安全。

3.馆藏揭示

为了提升读者查询便利性，公共图书馆应充分利用计算机管理与书目检索系统，将不同载体的馆藏文献目录向公众展示，提供多种基本检索途径。除此之外，通过网站、宣传资料和专题展览等多种形式，主动向公众介绍和揭示最新入藏的文献以及馆藏的特色，以激发读者兴趣，促使更多人利用图书馆资源。

4.活动推广

为促进读者参与互动，公共图书馆应巧妙运用媒体、网站、宣传资料、宣传栏等现代通信手段，主动邀请读者积极参与图书馆活动。

（七）服务监督与反馈

1.监督途径和方法

为保障读者权益和提升服务质量，公共图书馆采取多种方式建立畅通的沟通渠道。这包括在馆舍显著位置设立读者意见箱（簿）、公开监督电话、开设网上投诉通道，以及建立馆长接待日制度、组建社会监督员队伍。同时，定期召开读者座谈会，积极听取读者的意见和建议。馆方对于读者提出的意见或投诉应当认真对待，承诺在 5 个工作日内回复并实施相应的整改。

2.读者满意度调查

为了全面了解读者对图书馆服务的满意度，公共图书馆应定期进行读者满意度调查。调查选项包括"满意""基本满意"和"不满意"三项，满意度计算基于选择"基本满意"和"满意"的读者人数占总调查人数的比例，各级图书馆的目标满意度为 85%以上。调查应每年进行一次，通过自行或委托相关机构向随机抽取的馆内读者发放调查表，数量分别为省、地、县级图书馆不少于 500、300、100 份，回收率不低于 80%。对回收的调查表进行分析，提出改进建议，同时将调查数据进行系统整理和建档保存。

二、公共图书馆服务规章制度

（一）《图书馆组织机构管理规章制度》

1.图书馆工作职责

图书馆承担着采集、管理、整理各类型文献资料的任务，通过科学地加工整序和管理，开发信息资源，为读者提供文献信息保障。在服务方面，图书馆通过流通阅览、读者辅导、参考咨询、信息服务和用户培训等工作，增强读者的信息意识和文献信息利用技能。图书馆还需统筹协调文献信息工作，参与整体化建设，开展多方面协作，以实现资源的共建和共享。同时，积极开展学术研究和交流活动，强化软硬件建设，全面强化各项职能，创造社会效益。在人才方面，要促进队伍的稳定，培养人才成长，为图书馆创造良好的发展空间。

2.馆长工作职责、副馆长岗位职责

图书馆馆长是日常工作的主要领导，负责行政工作的主持，制定发展规划、工作计划、规章制度，并监督工作的实施。馆长秉承"一切为了读者"的办馆宗旨，致力于建设一流的图书馆。除了行政工作，馆长还负责组织和协调各项业务工作，人员的聘任和使用，队伍的建设与业务进修，经费使用的管理，以及图书馆的现代化建设，采用新技术和科学的管理方法来推动图书馆的发展。

3.办公室职责

图书馆办公室是全馆管理工作的总体统筹者，承担文书、督办、会务、财务管理、财务审计、后勤、人事、档案、宣传和接待等多项综合性工作。其职责包括协助馆领导统筹全馆管理，处理日常事务，协调各部门工作，及时解决职责不明确的事务。此外，办公室还负责执行上级领导机关和馆班子的决议，安排馆内会议，起草工作报告、通知通报等文件材料，并协助处理接待来访等外事工作。

（二）《图书馆日常管理工作规章制度》

1.业务部职责

图书馆业务部是一个总体统筹业务管理工作的综合性部门，职责包括协助馆领导统筹全馆业务管理，制定业务规划，进行日常业务管理，协调各业务部门的工作，进行业务调研，组织制定和修改业务规章制度。此外，业务部还负责承担科研项目管理工作，协助馆领导制订学术研究计划、选题及研究方向，组织和引导员工进行学术研究与交流活动，传达学术研讨会议题，承担社会阅读专业委员会的具体事务，进行社会阅读方面的研究，以及全馆项目管理工作。该部门负责项目管理的具体实施，包括招标、立项、跟踪管理、验收评审等各项工作，并完成年度项目管理的资料归档和总结。同时，组织专业技术人员的业务培训、继续教育、岗位技能培训及业务学习，以提高员工的专业水平。负责全馆业务工作的对外宣传，编辑刊物和宣传资料，策划和更新本馆网站的宣传栏目。

2.辅导部职责

辅导部是图书馆中负责公共图书馆事业建设、基层图书馆业务辅导、图书流动车业务、馆际物流管理等多方面工作的部门。

其主要职责包括总体统筹本地区图书馆事业建设，制订事业发展规划，组建事业网；承担总分馆建设事务，制定建设目标和规范；负责"全国文化信息资源共享工程"基层点的建设和管理；管理各分馆的日常事务，协调馆际合作，解决业务工作中的问题。

辅导部还承担基层图书馆业务指导工作，协助分馆规划建设，如馆舍功能布局、购书计划和业务工作规范等。在地区基层图书馆方面，协助完成考核、检查、评估和评比工作，总结推广先进经验。此外，负责基层图书馆专业人员的业务培训和年度培训计划的拟定，组织总分馆馆长例会，筹备及处理具体事务，开展图书馆间的业务考察和调研活动，管理图书流动车、服务网点，承担馆际物流管理工作。

第三节　公共图书馆读者服务规范

一、公共图书馆读者服务规范的定义

公共图书馆的服务规范是一套具体的、指导性的、操作性强的规则，用于规范和要求图书馆开展各项服务，确保工作人员按照规定实施服务。这包括两个主要方面的内容：一是，对图书馆的各项服务制定具体规则，以提供指导，确保服务的规范性和高效性；二是，通过一系列的管理手段，促使图书馆工作人员按照规定开展服务工作，以确保服务的质量和一致性。

二、公共图书馆服务业务操作规范

（一）服务台工作规范

1.总咨询台工作规范

（1）总咨询台实行"首问负责制"，即由最先接触读者咨询的工作人员承担第一负责人的角色，负责解答或引导至相关部门解答读者问题，直至问题得到满意解答。这一制度不仅覆盖多种咨询形式，还要求负责人在接待读者时要热情周到、详细解答。通过"首问负责制"，图书馆旨在激发馆员的责任心、服务意识，提高服务质量。

（2）"首问负责制"公约为图书馆服务提供了明确的工作准则，强调了工作人员在接待读者时应保持礼貌和热情，对咨询问题要进行周到详尽的回答，同时在本职范围内能够当场解答。对于复杂问题，及时转达并在第一时间受理，避免推卸责任。

（3）公共图书馆"首问负责制"管理办法规定了"首问负责制"的具体实施办法，确保服务对象在图书馆咨询或办事时能够得到高效、负责的服务。"首问负责人"的定义明确了其接触服务对象的范围，工作内容包括解答问题并确保问题得到满意解决，全程跟进。强调首问负责人必须主动、热情，不能推诿、拒绝或搪塞，对属于自己工作范围的问题必须认真解答；无法解答时，要以真实原因向服务对象说明情况，争取理解。"首问负责制"的考核和检查办法强调了管理与服务的整合。责任考核基于岗位责任制，通过对首问负责人的服务表现进行评估，考虑服务对象的反馈，包括称赞、好评、投诉等，并按照《公共图书馆工作考核评分标准》进行处理。检查办法则通过设立多种渠道，如意见箱、读者意见簿、电子邮箱等，由主管领导和部门主任定期查看，实行自我约束和相互监督。此外，引入领导、读者、舆论相结合的监督机制，确保及时了解员工和读者的意见，建立了服务对象意见收集的有效渠道。

总咨询台的服务内容复杂，要求咨询工作人员具备强烈的责任心。这包括及时收集各方面的信息，涵盖了图书馆规章制度的变革、会议讲座信息、数据库利用等多个方面。咨询工作人员需对读者的建议和要求进行及时反馈，提出切实可行的解决方案，并由专人负责执行，最终将解决方案反馈给读者。即便涉及与图书馆无关的问题，咨询人员也应认真对待，积极寻找解决方案。

2.参考咨询岗位职责

当前国内外图书馆进行参考咨询服务时，常采用电子邮件、实时交互和网络化合作等模式。这些模式的运作过程需要不同角色的参与，以共同保证参考咨询服务的顺利完成。参考咨询具有动态性、复杂性和多样性的特点。

参考咨询员在分析和解决问题的过程中通常经过受理咨询、调查了解、查找文献、答复咨询、建立咨询档案 5 个环节。这 5 个环节形成了一个完整的工作程序，每个环节都有明确的内容、具体的方法和要求。这些具体要求构成了参考咨询员的行为规范。

咨询馆员的兴起始于 20 世纪 40 年代的美国，当时"参考咨询工作"正式进入辞典。随着时间的推移，参考咨询服务逐渐成为图书馆服务工作的核心，是衡量现代图书馆工作的重要标志。咨询馆员的任务主要包括信息服务、用户教育和用户深层次咨询三个方面。

咨询馆员在面对多样化的任务时，需要正确定位角色，主要涉及信息宣传员、信息提供者和信息指导者三个角色。作为信息宣传员，咨询馆员需要深入了解社会的信息需求，有针对性地推广服务，采用讲座、网络介绍等方式进行信息宣传。在信息提供者的角色中，咨询馆员成为信息资源与用户之间的桥梁，迅速、有序地传递各种信息资源给用户。同时，作为信息指导者，咨询馆员为用户提供信息获取方法的指导，进行技能教育与培训，协助用户掌握各种新型检索方法等。

3.参考咨询管理职责

参考咨询管理在工作中主要承担全天候监控咨询系统、监督咨询工作流程、及时转发用户提问和咨询馆员答复的责任。此外，他们还需要根据分工分配咨询问题，及时更新和维护知识库，进行系统的维护和更新。在向用户发送答案之前，管理者负责检查答案的准确性，存储已经回答的问题，收集服务开展情况，以及处理一些低层次的技术性工作。

4.网上咨询服务规范

（1）在线咨询。通过读者在留言板填写咨询登记表，实现了方便快捷的咨询请求递交。咨询员在 24 小时内回应，提供书目和篇目信息，并将原始文献发送至读者电子信箱。对于一般性问题，工作人员迅速给予答复，而对于需要检索大量文献的课题服务，则在回应后 2～7 天内提供首批所需文献或与读者协商解决，以满足读者的需求。

（2）网络沟通。网络沟通活动是一种高效的沟通方式，消除了距离、时空和障碍的限制。在图书馆读者服务中，采用电子邮件、网络电话、网络传真、电子论坛、手机短信等网络形式，实现与读者的无缝沟通。其中，电子邮件和手机短信是目前图书馆广泛应用的主要沟通工具，为读者提供了方便快捷的服务体验。

（3）信息导航。在网络环境下对各种电子信息源进行介绍、分析、评价，其中包括对网上信息检索数据库的管理和使用指导，以及制作各种文献信息检索导航系统。提出了建立电子期刊、电子图书、电子科技报告、网上专利信息检索的导航站点的建议，通过按学科整合丰富的信息资源，并在信息导航页面上集中呈现，为用户提供学科网络信息导航。此外，强调了集中相关机构信息的重要性，包括国内外大学站点、图书馆站点、数字图书馆和搜索引擎等，旨在引导用户充分利用这些资源，提升其信息获取的效率和便捷性。

（4）网上论坛。通过线上发布信息资源利用的方法和信息检索的技能等内容，突破了时空的限制，为用户提供随时学习文献检索相关知识的便利。

（二）馆员文明服务行为规范

《公共图书馆服务规范》明确了公共图书馆工作人员的职责和行为准则。要求工作人员接受专业训练，具备良好职业道德，平等对待所有公众，并尊重和维护读者的隐私权。工作人员在服务过程中需要挂牌上岗，保持仪表端庄，使用文明用语，以热忱的态度努力为读者提供准确全面的信息服务。

1.举止规范

（1）仪表规范：仪表规范在图书馆中被视为促进友好沟通的纽带和桥梁。馆员的着装和发型要符合规范，强调整洁、得体，以稳重的职业装为主。男同志有关于发型、穿着的具体规定，女同志则强调淡妆和穿着的适度。此外，上班时需要佩戴工作牌，确保正面清晰可见。

（2）姿态规范：馆员在服务中要遵循严格的站姿、坐姿、步态以及语音和语速规范。站立时，强调头正、肩平、臂垂、躯挺，注重稳重、大方、挺拔的形象；坐姿要端正、舒展，杜绝趴在工作台上或懒散支撑头部的不良习惯；步态要自然、成熟自信，尤其在阅览室内要注意穿着，避免影响安静的环境。语音和语速方面，要轻声细语，保持适当音量，以平缓清晰的方式为读者提供服务，尊重安静的图书馆氛围。

（3）服务语言规范：图书馆作为文明服务的代表，强调运用规范的语言，即发音准确的普通话，与读者进行高效交流。规范的普通话不仅能够确切、迅速地传递信息，还有助于避免方言可能引发的不良影响。

2.馆员服务岗位规范

（1）流通阅览工作规范：文明服务公约明确了以读者至上、服务第一为原则。馆员须履行职责，提供优质服务，爱岗敬业，精通业务，守时上岗。文明语言和热情态度是必备条件，仪表得体，服饰整洁。对环境要求整洁美观，创造安静温馨的学习氛围。

（2）读者指南：根据《公共图书馆服务规范》的规定，公共图书馆要在主体建筑外设置清晰的导向标识，入口处标明不同区域，方便读者快速找到目标区域，如阅览、活动、办公等。同时，每一楼层应设立明显的布局功能标识，以便读者更清晰地了解空间结构。

读者指南是图书馆宣传工作和服务介绍的主要工具，内容丰富，涵盖图书馆概况、文献检索方法、服务项目介绍、活动区域指引、新型信息载体的使用方法，以及借阅规则、服务提示等设施的说明。通常放置在图书馆的入口或服务台上，为读者提供方便，使他们能够迅速了解图书馆的服务体系，无须花费过多时间。

3.借阅制度

（1）借还书规则：图书馆实施开架借阅，读者办理借阅证后方可借阅。根据借阅证类别借阅相应册次图书，每次 3 至 10 本，借期 60 天。外借文献在到期前可续借一次，所借图书 15 天之后，60 天之内进行续借，续借后应还日期顺延 30 天。发生逾期、污损、遗失、撕割、偷窃等情况均按照图书馆相关规定进行处理。

借阅室实行全开架阅览，每次限取图书 1 册。文献阅览后放入指定位置，不可乱插乱放。凡将未经办理借阅手续的图书有意通过隐匿等方式带出室外的，视为偷盗行为，一经确认，按偷盗图书相关规定处罚。读者须爱护文献，不要污损、撕页、批注、圈点等，如借阅后发现以上情况，应立即向工作人员说明，由工作人员进行处理，否则由读者本人负责。

在图书馆还书过程中，读者应主动展示图书借阅证，以协助工作人员迅速完成还书手续。图书馆保留催还借出图书的权利，以确保馆藏资源的有效管理。对于外单位，除非存在互借协议，否则需提供正式函件并获得馆办公室的批准，方可借阅图书馆的文献资料。

（2）书库管理规则：书库管理规定明确了读者在借阅过程中的一系列行为规范。使用代书板、遵循开架借阅原则，以及保持书库内的整洁和安静，是读者应遵守的基本规定。此外，未办理借书手续被认定为窃书，损坏或盗取图书将受到严厉处罚。对于图书馆的安全和秩序，读者需要在出入库时主动配合工作人员，确保书籍的合法使用。

（3）阅览制度

①阅览室规则：图书馆通过设置不同的阅览室为不同读者提供适宜的阅

读环境，并规定了进入阅览室的行为规范。读者需遵循管理规定，如不携带宠物、保持室内整洁安静、有序查阅书刊、不私自携带书刊离开等。对于违规行为，包括损坏书刊、私自携带书刊离开等，有相应的赔偿或罚款处理规定。图书馆阅览室提供图书的室内阅览而非外借使用，同时鼓励读者自觉遵守规则，以维护良好的阅读环境。

②专门阅览室规则：图书馆的各阅览室设定了不同的规则和借阅方式。综合期刊室允许读者借阅过刊合订本，专业期刊阅览室则限定了只能查阅而不得外借。工具书室的工具书只能在室内查阅，有特殊需要可提出借阅申请。电子阅览室提供了上机阅览服务，读者须遵守一人一机的原则，同时保持室内秩序，不得喧哗、吸烟、吃零食等，出现机器故障应及时报告管理员。

电子阅览室规定读者须谨慎操作设备，如有损坏需赔偿，严重者将报有关部门处理。在进行文件拷贝或检索时，读者需要提前申请并使用图书馆提供的软盘以确保系统安全。上网者必须遵守相关法规，不得从事危害国家安全、传播违法内容的活动。违反规定的读者将接受批评教育，严重者可能会面临法律责任。自助图书馆提供便利的图书自助借还和阅览服务，读者需凭借阅证刷卡进入，每次阅览限取 1 册，借还操作通过自助借还机完成。

自助借还机仅限于图书的借还，其他文献如期刊、光盘等需要前往相应的服务窗口办理。读者在使用自助借还机时，必须遵守规定，包括避免超期未还、滞纳金未交、借阅数量超限或押金不足等情况。保持图书馆内的清洁是读者的责任，禁止带入食品、饮料，以防止对图书造成污损。此外，读者不得在图书上进行折页、勾画、圈点、撕割等行为，如有发现将按照图书馆的规定进行处理。对于遗失图书的情况，读者需要前往图书所属的部门服务台办理相应手续。

③图书借阅证的发放、补办和使用规定：图书证是读者进入图书馆的唯一凭证，严禁转借他人使用。成人需提供相关证件办理图书证，而临时来馆者可凭有效证件办理临时借书证，但需根据权限支付文献利用费，并在归还书刊并交回借书证时退还押金。对于遗失的借书证，读者应立即挂失，两星期后方可凭身份证补办，未还清书刊的不予补发新证。对于因保管不当导致无法使用的借书证，读者可以凭旧证换发新证，但需要支付工本费。

④遗失赔偿等有关规定：超期图书的罚款按每本每天一定金额计算。对于遗失的本馆图书，读者需以完全相同的同版新书（或经同意后用新版书）抵赔，并支付新书加工手续费。如果无法以新书抵赔，且图书借期已超过 20 天仍未找到，读者可办理赔罚手续，赔罚款的计算基于原书的出版年限和价值，按倍数确定。

⑤图书馆读者意见处理办法：图书馆积极鼓励读者提出关于馆藏、服务、设施和环境等方面的意见和建议。收集途径包括读者当面提出的、留言本、意见箱、图书馆网站留言、阳光热线和读者座谈会。对于不同类型的意见，如咨询、投诉、建议和表扬，图书馆会根据情况给予答复和妥善处理。

4.领导干部工作规范

图书馆管理层级分明，由馆领导及部门领导负责管理工作，严格的领导职责规范是管理的关键。对于部室主任、副职馆领导、正职馆领导的要求逐级提高，而他们对普通馆员的工作负有监督责任。图书馆采用领导考核体系，通过设定目标责任书和各种考核手段来评估工作表现。在业务干部考核中，重点考察"德、能、勤、绩"，涵盖了政治态度、思想品质、职业道德、文化知识水平、业务技能、管理能力、学习态度、工作责任感等多个方面。

（1）公共图书馆馆长肩负着多项重要职责，涵盖了领导全馆工作、制订发展规划和工作计划、主持馆务会议等方面。他还负责政治学习和思想政治工作，提高整体素质，管理工作制度化、规范化、科学化。馆长在经费预算审核、安全保卫、消防和综合治理等方面有着重要责任。同时，他还致力于加强职工思想、文化和业务教育，有计划地培养人才，代表图书馆参与各种社会活动和对外交往。

（2）图书馆副馆长（馆长助理）在贯彻执行馆长决策方面起关键作用，对馆长负有责任。其职责涵盖参与决策馆内事务、协助全馆行政管理、制定业务发展目标、组织全年工作任务、做好安全管理，预防责任事故。此外，协助馆长处理与读者、媒体的关系，确保无严重损害图书馆声誉和恶劣影响的事件。副馆长还主持工会、党支部、妇女计生、职工代表等工作，召开相关会议，完善工作制度，并指导分管部门进行业务规划、拓展、统计及员工培训。

（3）公共图书馆目标责任制管理办法

①总则：明确工作任务和目标，提高工作效率，有效推进各项工作任务的落实。实行目标责任制，加强层级管理，一级抓一级，层层抓落实。

②制定和落实：各部室根据全馆工作总体部署和具体任务，提出新一年的工作项目、主要任务和内容、数量、质量、效果描述、时间进度、责任人，报馆办公室。经馆务会讨论通过实施。各部室负责人负责抓好本部室的各项工作，改进作风，狠抓落实，提高工作效率，确保各项任务的完成。

③考核：采取日常考核和年度考核相结合的方式进行。日常考核通过各部室日常工作完成情况的报告和不定期日常工作检查等形式进行。年度考核是对各部室落实目标责任制的年度情况集中组织的考核。考核结果作为对部门负责人业绩评定、奖励惩处、选拔任用的重要依据；作为对各部室负责人评先、评优的重要依据。

（三）服务工具的规范

1.印本藏书体系

根据《公共图书馆服务规范》，公共图书馆要在阅览区和书库设置文献排架标识，确保图书馆的文献资源得以清晰分类和有序排列。在书库和阅览室书架上应设有明显标识，遵循《中国图书分类法》的 22 个大类进行排架，并标明每个大类的符号，以方便读者准确、迅速地查找所需的文献。

A 马克思列宁主义、毛泽东思想；B 哲学、宗教；C 社会科学总论；D 政治、法律；E 军事；F 经济；G 文化、科学、教育、体育；H 语言、文字；I 文学；J 艺术；K 历史、地理；N 自然科学总论；O 数理科学和化学；P 天文学、地球科学；Q 生物科学；R 医药、卫生；S 农业科学；T 工业技术；U 交通运输；V 航空、航天；X 环境科学、劳动保护科学；Z 综合性图书。

2.电子资源体系

（1）图书馆服务器系统：电子资源在图书馆中一般分为外购和自建两种，需要安装在本地服务器上供读者使用。服务器操作系统主要有 UNIX 平台和 NT 平台,其中 UNIX 下有多种特设的操作系统,而 NT 平台以微软的 Windows 为主。在图书馆存储系统中，存储器是资源的存储地，对解决电子资源存放问题以及影响资源使用效率具有重要作用。

（2）形成本馆信息数据库体系：在现代管理模式下，图书馆以提供各类型数据库为主要文献保障方式，因此，建立和管理数据库成为其重要工作。数据库的主要类型包括馆藏书目数据库、光盘数据库、网络数据库。很多图书馆通过自建馆藏书目数据库或进行联合编目，逐步建立具有馆藏特色的全文数据库。对数据库的管理规定主要包括确保数据具有完备性和符合标准，要求录入数据按照标准格式进行操作，以保证数据的准确性。

3.网络服务体系

图书馆网络服务以系统有序的方式告诉读者"如何去找""到哪儿去找"或"我为你去查找"，需为读者筛选有价值的信息途径和信息源，提供规律的信息集合。公共图书馆应提供多样化的文献咨询服务方式，包括现场、电话、信件、传真、电子邮件、网上实时、短信等。为确保服务质量，文献咨询服务方式需有效地缩短响应时间，规定现场、电话、网上实时咨询需在服务时间内即时回复，其他方式的响应时间不超过 2 个工作日。同时，建立服务档案，做好读者反馈意见的收集整理，以进一步提升服务效果。

（1）网络部工作规范：网络部是图书馆总分馆的业务部门，主要负责自动化建设和为文化信息资源共享工程提供技术支持。其职责范围包括自动化建设、系统设备维护、数字资源建设、视听服务、专题文献服务及电子服务区管理等工作。具体任务涵盖了自动化建设规划制定、计算机设备和网络设备的采购管理、软件的选购和维护、机房运行管理、计算机系统维护与利用指导，以及全馆服务器系统、网络系统、业务管理系统、办公系统的日常管理和维护。负责图书馆网站的建设、管理、维护，以及相关信息的采集和发布工作。管理图书馆集群管理系统在地区的应用、培训、软件安装、调试及服务，学习网络系统管理和宣传推广，同时负责本馆消防安防和通讯系统的维护。担负数字资源建设和读者使用培训，进行业务人员的技术培训，承担电子服务区管理、视听服务、文献复制服务等工作。同时负责地方文献服务，管理图书馆网站的建设和维护，并完成其他馆领导交办的工作任务。协助物业管理部进行部门内的综合治理、安全和卫生工作，确保管理范围内各种设施和电子设备的正常运作。

（2）图书馆数字资源使用规则：第一，公共图书馆数字资源服务对象包括：图书馆总分馆员工及读者、全国文化信息共享工程服务点、特定 IP 范围及机关、事业单位、公司及企业等。第二，图书馆数字资源服务内容包括：自建、引进或购买的地方数字文献、电子图书和电子期刊、课件视频资源以及国家、省文化信息共享工程中心提供的数字资源。第三，读者在使用各种数字资源前应先阅读使用说明并按照说明正确安装所需数字资源阅读器，未开通使用权限的应按照本馆有关说明开通相应的权限。第四，使用本馆数字资源时，应按相关提示输入认证信息，再根据相关说明正确操作。第五，读者应保护自己的信息安全，本馆对因疏忽导致的信息外泄概不负责。第六，任何单位及个人在使用本馆数字资源时，不得有利用下载软件系统性地、大量地下载和打印本馆数字文献等行为。第七，本馆数字资源仅限个人学习、工作及学术研究用，不得用于商业行为；使用者应尊重知识产权，违反规定者将追究法律责任并终止使用权利；对馆方造成损失者将依法追究责任并赔偿损失。第八，非本馆服务对象的任何单位及个人不得使用本馆数字资源；任何单位及个人不得通过网络入侵、非法下载及拷贝等方式获取本馆数字资源，否则将追究法律责任。

（四）服务环境的规范

图书馆服务环境是指图书馆为读者提供服务的空间，分为外部环境和内部环境。外部环境涉及图书馆建筑和周边环境，而内部环境包括各种服务场所，如咨询处、书目检索处等。这两个方面共同构成了一个有序、便利的服务环境，为读者提供了良好的学习和阅读体验。

1.地理交通

首先，通过详细的地图标识，清晰呈现图书馆所在位置，并凸显周围重要建筑物和机构。其次，明确公交和地铁路线，包括相关车站名称，使读者能够轻松乘坐公共交通工具抵达图书馆。

2.图书馆服务环境

图书馆服务环境包括物质与设备两方面，其中物质方面包括内部装修、服务设备和建筑物，强调了装修格调、设备智能化程度等。读者服务环境则关注绿化美化、光线通风、色彩温度湿度控制、特色服务、读者休息场所等，为读者提供舒适、便利、特色化的服务环境。这些方面的综合管理有助于提升图书馆的整体服务质量，满足读者的多样化需求。

第二章　图书馆服务体系研究现状

第一节　国家相关政策的解读

发展社会主义先进文化是国家治理现代化的支撑，必须坚定文化自信，引领文化建设，激发全民族文化创造活力，构筑中国精神、中国价值、中国力量。要坚持马克思主义在意识形态领域的指导地位，以社会主义核心价值观引领文化建设，健全人民文化权益保障制度，完善正确导向的舆论引导机制，建立社会效益和经济效益相统一的文化创作生产体制。

要坚持中国特色社会主义文化发展道路，深化文化体制改革，推动社会主义文化大发展大繁荣。必须以科学发展为主题，以建设社会主义核心价值体系为根本任务，以满足人民精神文化需求为出发点，以改革创新为动力，发展现代化、面向世界的社会主义文化，培养文化自觉和文化自信，提高全民族文明素质，增强国家文化软实力，努力建设社会主义文化强国。图书馆作为公共文化服务体系的重要组成部分，保障了公民的平等教育权和文化权。免费开放服务使知识获取更加无障碍，体现了社会进步和国家人文关怀。

第二节　公共图书馆服务发展现状

以《中国图书馆年鉴》《中国文化年鉴》《中国统计年鉴》等为主要数据来源，同时利用各图书馆网站和国家统计局等网站发布的数据进行补充。

一、公共图书馆服务发展整体情况

中国公共图书馆事业稳步发展，2014—2023 年全国公共图书馆机构数量如图 2-1 所示。2022 年和 2023 年全国公共图书馆机构分别为 3303 家、3246 家，每年分别增加 88 家，减少 57 家。2014—2022 年全国公共图书馆总藏量如图 2-2 所示，2021 年和 2022 年全国公共图书馆总藏量为 126178 万册（件）、135959 万册（件）。中国人均拥有公共图书馆馆藏量持续上升，从 1995 年的 0.27 册（件）上升到 2022 年的 0.96 册（件）。

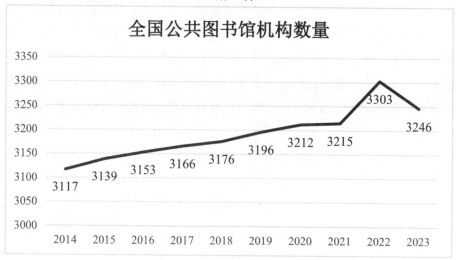

图 2-1　2014—2023 年全国公共图书馆机构总数量

图 2-2　2014—2022 年全国公共图书馆总藏量

二、省、区、直辖市（级）公共图书馆服务发展现状

图 2-3　2014—2022 年省、区、直辖市（级）公共图书馆机构数量

2014—2022 年省、区、直辖市（级）公共图书馆机构数如图 2-3 所示。2014 年至 2019 年间，中国省、区、直辖市级公共图书馆的机构数一直稳定在

39。然而，自 2019 年开始，机构数逐年减少，分别为 39、38 和 37。2014—2022 年省、区、直辖市（级）公共图书馆总藏量如图 2-4 所示，从 2014 年到 2022 年，中国省、区、直辖市级的公共图书馆总藏量经历了持续增长的趋势，从 18754 万册增加到 23296 万册。

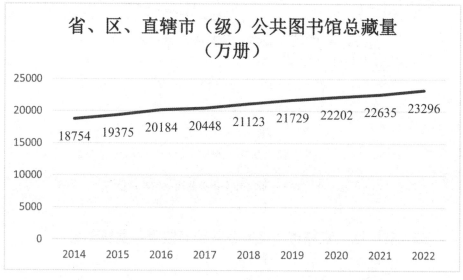

图 2-4 2014—2022 年省、区、直辖市（级）公共图书馆总藏量

2014—2022 年省、区、直辖市（级）公共图书馆书刊文献外借册次如图 2-5 所示。2014 年到 2016 年，外借册次呈现轻微的增长，从 10173 万册次增加到 10944 万册次。然而，从 2017 年开始，因智能手机及电子书籍的普及，外借册次急剧下降，降至 5098 万册次，随后在 2018 年和 2019 年继续下降至 5208 万册次和 4990 万册次。

2020 年的外借册次大幅减少至 2658 万册次，受不可抗力因素影响，大量图书馆闭馆或读者减少。然而，从 2021 年到 2022 年，外借册次再次有所回升，分别为 3918 万册次和 3457 万册次。

图 2-5　2014—2022 年省、区、直辖市（级）公共图书馆书刊文献外借册次

2014—2022 年省、区、直辖市（级）公共图书馆举办展览数如图 2-6 所示。由图可见，省、区、直辖市（级）公共图书馆举办展览数在 2014 年至 2016 年之间迅速增长，达到 5294 个，然后在 2017 年下降至 4090 个。之后，2018 年至 2022 年展览数呈现波动下降的趋势，最终降至 1441 个。

图 2-6　2014—2022 年省、区、直辖市（级）公共图书馆举办展览数

2014—2022 年省、区、直辖市（级）公共图书馆举办各类讲座次数如图 2-7 所示。总体而言，从 2014 年的 5093 次到 2022 年的 2181 次，讲座次数整体呈下降趋势。2014 年到 2016 年，讲座次数有所增长，从 5093 次增加到 5610

次，但在 2017 年开始出现下降，逐年减少。2018 年至 2019 年，虽然出现了一些波动，但总体上讲座次数保持在相对稳定的水平。然而，2020 年的讲座次数急剧减少，仅为 2235 次。虽然在 2021 年有所回升，达到 2912 次，但在 2022 年再次下降至 2181 次。

图 2-7　2014—2022 年省、区、直辖市（级）公共图书馆举办各类讲座次数

　　2014—2022 年省、区、直辖市（级）公共图书馆开办的培训班数如图 2-8 所示。在 2014 年至 2016 年间，培训班数经历了持续增长的阶段，从 3125 个增加到 5978 个。在此期间，培训班数出现的显著增长趋势，反映了当时社会对知识和技能培训需求的增加，以及公共图书馆作为教育和培训资源的重要性得到了认可。然而，从 2017 年开始，培训班数略微下降，继续到 2018 年，然后在 2019 年再次增加至 6521 个。随后，2020 年和 2021 年培训班数显著下降，分别为 2163 个和 2496 个，2022 年略微回升至 2258 个。

图 2-8　2014—2022 年省、区、直辖市（级）公共图书馆开办的培训班数

三、地市级公共图书馆服务发展现状

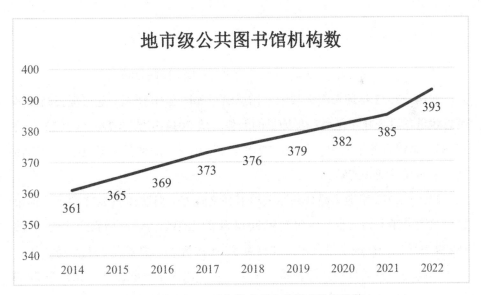

图 2-9　2014—2022 年地市级公共图书馆机构数

2014—2022 年地市级公共图书馆机构数如图 2-9 所示。从 2014 年到 2022 年，中国地市级公共图书馆的机构数呈现持续增长的趋势。在这段时间内，

地市级图书馆的机构数从 361 家增加到 393 家。这表明地市级公共图书馆在过去的几年里经历了较为稳定和积极的发展，数量逐年增加。这种增长趋势主要受到对教育和文化资源的不断需求以及地方政府对公共服务的投资支持的影响。地市级公共图书馆在社区中扮演着重要的角色，为居民提供学习、阅读和文化活动的场所，因此它们的扩张反映了社会对这些服务的不断需求和认可。

图 2-10　2014—2022 年地市级公共图书馆机构数

2014—2022 年地市级公共图书馆总藏量如图 2-10 所示。地市级公共图书馆总藏量在过去几年呈现稳步增长的趋势。从 2014 年的 20736 到 2022 年的34684，总藏量逐年递增。其中，2018 年到 2019 年的增长相对较小，但整体呈现了明显的增长态势。

2014—2022 年地市级公共图书馆书刊文献外借册次如图 2-11 所示。地市级公共图书馆书刊文献外借册次从 2014 年的 13192 万册次增长到 2022 年的18279 万册次。在这个过程中，2015 年到 2019 年呈现持续增长的态势，达到了 19044 万册次的峰值，但在接下来的几年中出现了一些波动，尤其是 2020年出现了明显的下降。然而，整体趋势仍然呈现出逐年增长的态势。

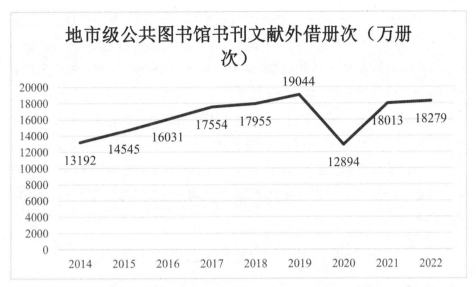

图 2-11 2014—2022 年地市级公共图书馆书刊文献外借册次

　　2014—2022 年地市级公共图书馆举办展览数如图 2-12 所示。地市级公共图书馆举办展览数在过去的几年中呈现稳步增长的趋势。从 2014 年的 3923 增加到 2022 年的 10388，举办展览的数量逐年增加。尤其是在 2017 年到 2022 年之间，这一数字增长迅速，显示了图书馆举办文化和艺术展览活动的不断扩大。

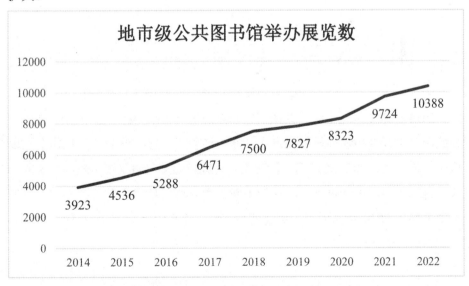

图 2-12 2014—2022 年地市级公共图书馆举办展览数

2014—2022 年地市级公共图书馆举办各类讲座次数如图 2-13 所示。地市级公共图书馆举办各类讲座次数在过去几年呈现出总体增长的趋势。从 2014 年的 14714 次增长到 2022 年的 20410 次。在这个过程中，虽然存在一些年份间的波动，但总体来看，讲座次数逐年增加。特别是在 2016 年到 2019 年之间，增长较为显著，显示了图书馆举办各类知识讲座活动的持续扩大。这种增长反映了社会对知识获取和学习需求的增加，以及图书馆作为知识传播和教育场所的重要性不断增强。尽管 2020 年出现了较大幅度的下降，但在 2021 年和 2022 年又呈现出一定程度的增长趋势，可见图书馆对知识讲座活动的持续关注和投入。

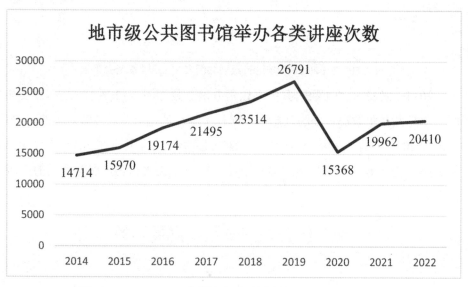

图 2-13　2014—2022 年地市级公共图书馆举办各类讲座次数

2014—2022 年地市级公共图书馆开办的培训班数如图 2-14 所示。地市级公共图书馆开办的培训班数在过去几年中经历了一定的波动，但整体上呈现增长趋势。尤其是在 2017 年到 2019 年之间，培训班数呈现出较大幅度的增长，显示了图书馆开设培训活动的不断扩大。然而地市级公共图书馆开办的培训班数在 2020 年出现了一定程度的下降，并在经历了 2021 年的短暂增长后，再次出现下降。

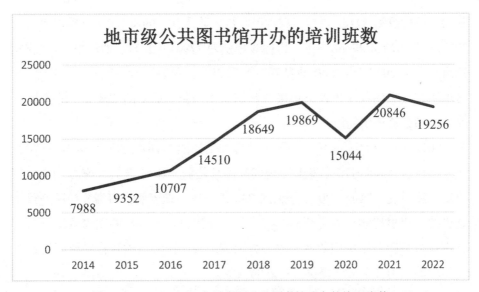

图 2-14 2014—2022 年地市级公共图书馆开办的培训班数

四、县市级公共图书馆服务发展现状

图 2-15 2014—2022 年县市级公共图书馆机构数

2014—2022 年县市级公共图书馆机构数如图 2-15 所示。从 2014 年到 2022 年的县市级公共图书馆机构数据来看，整体呈现逐年增长的趋势。在 2014 年开始，机构数为2716。到了2018年，机构数达到2760，2019年再次增加至2777。在2020年和2021年，机构数分别为2790和2791，增速相对较缓慢。然而，到了2022年，机构数显著增加至2872，呈现出较为明显的增长趋势。这表明在过去的几年里，县市级公共图书馆得到了更多的关注和资源支持，致使机构数逐年增加。

2014—2022年县市级公共图书馆总藏量如图2-16所示。2014年到2022年的县市级公共图书馆总藏量呈现明显增长趋势。2014年，总藏量为36224万册，随后逐年增加，2022年达到73652万册。这表明县市级公共图书馆在过去的几年里持续扩大了藏书规模，为公众提供了更丰富的阅读资源。这与县市级公共图书馆机构数增长的趋势相符，说明图书馆的规模和资源配备在逐年增加，为社会公众提供了更好的服务。

图2-16 2014—2022年县市级公共图书馆总藏量

2014—2022年县市级公共图书馆书刊文献外借册次如图2-17所示。这段时间内，县市级公共图书馆的书刊文献外借册次（以万册次为单位）呈现出一定的波动。自2014年的23261万册起，逐渐增加至2019年的37277万册，显示出对图书馆资源的需求逐渐增长。然而，在2020年出现了明显的下降，外借册次降至26523万册。随后，在2021年，外借册次又反弹至36766万册，显示出读者对图书馆资源的需求回升。至2022年，外借册次略有增加，达到了 38952 万册，表明人们对图书馆资源的需求仍然持续。整体上看，这段时间内图书馆的外借情况呈现出总体增长的趋势，尽管受到一些年份的影响而出现了波动。

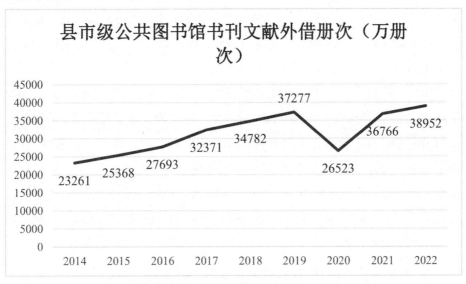

图 2-17　2014—2022 年县市级公共图书馆书刊文献外借册次

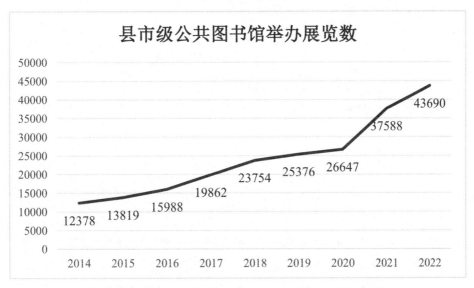

图 2-18　2014—2022 年县市级公共图书馆举办展览数

2014—2022 年县市级公共图书馆举办展览数如图 2-18 所示。2014 年至

2022 年，县市级公共图书馆的展览数量呈现出稳步增长的趋势。2014 年，举办展览数量为 12378 次，之后每年都有增加。在 2017 年和 2018 年之间，增长明显加速，分别达到了 19862 次和 23754 次。2019 年至 2022 年间，展览数量继续增加，分别为 25376 次、26647 次、37588 次和 43690 次。这一趋势反映了社会对文化、艺术和知识交流的日益重视，以及图书馆作为文化中心的作用逐渐凸显。

2014—2022 年县市级公共图书馆举办各类讲座次数如图 2-19 所示。2014 年至 2022 年，县市级公共图书馆举办各类讲座次数整体呈稳步增长趋势。从 2014 年的 34844 次开始，逐年增加至 2022 年的 62974 次。在这个过程中，2014 年至 2019 年间，讲座次数持续增加，年均增速较为平稳。2017 年至 2018 年，增速有所加快，分别达到 46755 次和 50437 次。2019 年至 2020 年，讲座次数有轻微下降。然而，2021 年和 2022 年，讲座次数再次大幅增加，分别达到 60356 次和 62974 次。

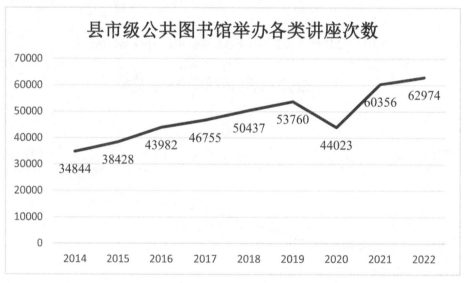

图 2-19 2014—2022 年县市级公共图书馆举办各类讲座次数

2014—2022 年县市级公共图书馆开办的培训班数如图 2-20 所示。2014 年至 2022 年，县市级公共图书馆开办的培训班数总体呈增长趋势。2014 年开始，培训班数为 18928，之后逐年增加至 2022 年的 49165。在这段时间内，培训班数的增长相对平稳，但在 2017 年至 2018 年间，增速显著提升，从 30350

增加到 39783。这反映了社会对于职业技能和终身学习的需求不断增加。在 2019 年，培训班数再次有较大幅度的增长，达到了 45647。然而，2020 年出现了下降。2021 年和 2022 年，培训班数再度回升，分别为 44601 和 49165。

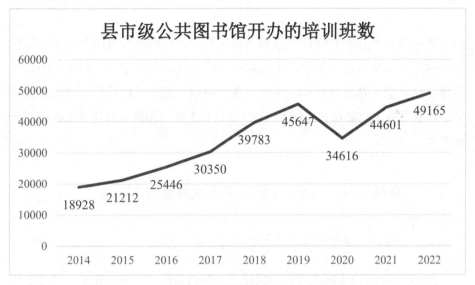

图 2-20　2014—2022 年县市级公共图书馆开办的培训班数

第三节　图书馆新媒体服务现状

随着移动互联网和智能终端的飞速发展，人们获取信息的方式正迅速转向移动化。为适应这一趋势，图书馆也紧跟潮流，推出了一系列创新的媒体服务。这些服务基于微媒体，与"泛在图书馆"的理念相符合。值得注意的是，社交媒体平台如微信、微博、QQ 等，正为图书馆的智能化建设提供巨大的机遇。

一、微博、微信与 QQ 等移动信息服务情况

（一）微博、微信等移动信息服务的发展状况

2009 年 8 月，中国主要门户网站之一新浪推出了"新浪微博"，这成为首个提供微博服务的门户网站，将微博正式引入公众视野。据微博 2019 年第四季度及全年财报数据显示，截至 2019 年年底，微博月活跃用户达到 5.16 亿，相比 2018 年年底增长约 5400 万，其中 94% 来自移动端；日活跃用户达 2.22 亿，年增长 2200 万。微博一直在满足用户需求方面进行创新尝试，例如推出"绿洲"以丰富用户发布的个人动态，并与电商展开深度合作。因此，高校图书馆和公共图书馆也认识到微博的多元互动性，纷纷注册并认证新浪微博，以提升用户在图书馆的使用体验。

2011 年初，腾讯公司发布了微信 App，这是一款即时通信聊天应用，以其丰富的用户体验而迅速成为当时最受欢迎、用户群体最庞大的社交信息平台。2012 年，微信还推出了微信公众平台，进一步加强了用户之间的交流。截至 2018 年 3 月的数据报告显示，微信的月用户数量已经超过 10 亿。到了 2019 年，微信的月活跃用户数约为 11 亿。

（二）图书馆微博、微信与 QQ 具体服务内容

图书馆微博主要提供以下服务：首先，宣传和发布资源信息。无论是高校图书馆还是公共图书馆，都可通过微博发布开放通知、活动、讲座预告和书籍推荐等信息，形式包括文字、图片和视频。其次，读者及同行互动。读者可通过关注微博账号、私信、评论和转发与图书馆互动。最后，功能扩展，包括分享其他平台的推文、进行问卷调查和投票，以及微博粉丝群等拓展性功能应用。这些服务丰富了用户体验，提高了图书馆的社交互动性。

通常情况下，微信公众号平台主要为用户提供资源动态推送、图书借阅服务、热门图书推荐等基础性服务。微信公众号平台分为订阅号和服务号两类。图书馆微信公众号的菜单栏通常包括"我／我的图书馆"栏目，该栏目主要涵盖用户的个人信息。以南京大学图书馆微信公众号为例，用户可以通过扫描二维码关注，菜单栏分为"我、微视频、活动资讯"三个模块。在"我"模块中，用户可执行账号绑定、资源荐购、个人信息修改、借阅请求信息查看、新书通报以及修改密码等服务。此外，微信公众号平台还提供"自动回复"功能，使读者用户能够通过留言进行 24 小时与图书馆的交流。

图书馆提供的 QQ 服务主要以创建读者 QQ 群为主要方式,通过馆员在网络社区进行信息交流。QQ 群具有超大规模的组织优势，最多可容纳 2000 人的读者用户群体。在群内，读者可以与共同兴趣爱好的朋友进行聊天和分享资讯。此外，QQ 群应用模块还提供文件资源共享、语音视频通话、群相册、群日历、匿名投票、组织群活动等多功能应用模块。具体的服务内容包括以下几点：首先，发布大众化信息，包括图书馆活动预告、讲座信息通知、新闻报道、数据库使用指南以及开馆与闭馆通知等。其次，实时咨询，包括与馆员私聊和读者相互答疑解惑。最后，嵌入科研服务，由高校图书馆学科馆员为某一领域科研人员提供课题资源定制与跟踪服务，帮助他们开展定题服务，并提供相应的课题分析报告和论文投稿指南等支持。

（三）图书馆微信、微博等移动信息服务存在的主要问题

第一，平台发文重复，信息良莠不齐。随着碎片化阅读时代的到来，用

户更倾向于进行浅层次的电子阅读。微信公众号和微博满足了用户快速获取信息的需求，但图书馆公众号在追求更新的同时忽略了文章质量，导致阅读量不高。部分图书馆存在微信和微博内容重复的问题，且推文内容普适，无法满足读者需求。此外，图书馆读者 QQ 群聊天杂乱，馆员管理困难。

第二，平台利用率低，信息推送不及时。图书馆微信公众号和微博发布文章的浏览量、点赞数、转发数与留言评论数偏低，表明高校图书馆用户黏度不高，互动数量较少。以上海图书馆信使微博账号为例，尽管其粉丝数量达到 17 万，且几乎每天推送图书馆相关内容，但微博的互动量极低。因此，图书馆微博信息服务需强调个性化，以提高传播速度和社会影响力。

第三，微信公众号阅读推广形式单一，原创文章少，缺乏创新和个性化服务，无法满足用户多元化需求。部分图书馆对馆藏资源共享设置权限，如地域限制或学生一卡通绑定。图书馆新媒体服务以活动报道为主，少数图书馆已开展个性化服务实践，如创意工坊、阅读马拉松和快递到家等特色服务，值得学习借鉴。

二、数字化、电子阅读器的服务情况

中国互联网发展迅猛，截至 2020 年 3 月，网民规模已达 9.04 亿，互联网普及率达 64.5%，为数字经济奠定坚实基础。其中，手机网民规模为 8.97 亿，手机上网比例高达 99.3%，标志着移动终端已成为主流上网工具。近年来，随着移动互联网络和通信技术的不断进步，手机、iPad 等智能移动终端的广泛使用推动了移动信息服务的蓬勃发展，为数字化时代的来临提供了有力支持。

第三章　公共图书馆服务价值构建

第一节　服务价值的概念

一、公共图书馆服务价值的概念

公共图书馆服务价值是指公共图书馆在提供服务过程中所创造的价值，它不仅包括图书馆提供的文献信息资源、技术服务等有形价值，还包括图书馆提供的文化氛围、知识体验等无形价值。公共图书馆作为社会公共文化服务体系的重要组成部分，其服务价值主要体现在保障公民的基本文化权益，满足公民的阅读需求，提升公民的文化素质和创新能力等方面。

据统计，截至 2022 年底，中国共有公共图书馆 3303 个，总流通 72375 万人次。这些数据充分说明了公共图书馆在服务社会、创造价值方面的重要作用。同时，公共图书馆的服务价值也受到多种因素的影响，如馆藏资源的质量和数量、服务的质量和效率、用户的需求和满意度等。因此，公共图书馆需要不断优化资源配置，提升服务质量和创新服务模式，以更好地满足用户需求，提升服务价值。

二、研究公共图书馆服务价值的意义

（一）教育与知识传播

公共图书馆，被誉为知识的仓库，是我国社区建设中不可或缺的一部分。它通过搜集、整理和保存各类图书、期刊、报纸以及其他资料，为社区居民

提供了丰富多样的学习资源。在当今信息爆炸的时代，公共图书馆成为人们获取知识、提升自我素质的重要场所。

图书馆服务的价值体现在多个方面。首先，图书馆为社区居民提供了一个免费、公平、便捷的学习环境。在这里，无论年龄、学历、职业，每个人都可以自由地获取知识，提升自身素质。这种平等对待的原则，使得图书馆成为推动社会公平、促进人民素质提升的重要载体。

其次，图书馆是教育和知识传播的重要场所。通过开展各类讲座、培训、研讨会等活动，图书馆将知识传递给社区居民，提高了人们的文化素养。

同时，图书馆还发挥着培养人们阅读习惯、弘扬传统文化的作用，对于传承我国优秀文化、培育民族精神具有重要意义。

（二）促进社会包容

在当今多元化的社会中，社会包容是构建和谐社会的重要组成部分。公共图书馆作为一个开放、无障碍的社区资源中心，扮演着促进社会包容的关键角色。通过提供各种免费的文化、教育和信息资源，图书馆为社区中的不同群体提供了平等的机会，无论他们来自何种背景、年龄或经济状况。

首先，图书馆作为一个自由开放的空间，没有任何门槛限制，使得任何人都可以自由进入、利用其资源。这种开放性质使得社区中的各种群体都能够获得知识和信息，无论他们是贫困家庭的孩子、新移民、残障人士还是老年人，都可以在图书馆找到满足自己需求的资源和服务。

其次，图书馆通过举办各种文化活动、教育课程和社区项目，积极营造一个多元化、包容性的环境。这些活动不仅让社区居民有机会学习和体验不同文化，还促进了不同群体之间的交流与理解。例如，图书馆可能举办文化节庆活动、语言学习班、社会公益讲座等，吸引了有着不同文化背景的人们参与，从而促进了社区内的跨文化交流与融合。

最后，图书馆也是一个提供社会服务的重要平台，为弱势群体提供支持和帮助。比如，图书馆可能提供儿童阅读计划、就业培训课程、社会援助信息等服务，帮助社区中的弱势群体提升技能、融入社会，从而减轻了社会不平等问题，促进了社会的公平与包容。

因此，通过深入研究公共图书馆服务的价值，可以更好地理解它们在促进社会包容方面所发挥的作用，为构建一个更加包容、公平、和谐的社会提供参考和借鉴。

（三）文化保存与传承

在当今社会，图书馆不仅作为知识的集散地，更承担着文化保存与传承的重大责任。它不仅提供各类现代出版物，还致力于珍贵文化遗产的长期保存。深入理解图书馆服务的价值，对于我们认识其在文化保存与传承方面所起的作用，以及如何促进社区文化的繁荣，具有重要意义。

1.图书馆在文化保存与传承中的职责

（1）历史文化资料收藏与保护：图书馆系统地收藏和保存了大量珍贵的历史文献，如古籍、地方志、史料等，这些资料是中华民族悠久历史文化的见证。图书馆通过科学地整理、修复和数字化措施，确保这些历史资料得以长期保存，为后代提供了宝贵的历史文化资源。

（2）优秀文化的传播与教育：图书馆作为公共文化机构，承担着传播优秀文化的使命。通过提供各类读物、举办展览、开设讲座等方式，图书馆将优秀的传统文化和现代文明传播给广大民众，同时也为教育工作者和学者提供丰富的学术资源。此外，图书馆还致力于挖掘和整理地方特色文化，以弘扬民族优秀传统文化，增强民族认同感和自豪感。

（3）激发文化创新活力：图书馆凭借其丰富的馆藏资源，为文化创新提供了源源不断的灵感。通过开展学术交流、文化沙龙等活动，图书馆为文化工作者和爱好者提供了一个交流与学习的平台，有助于激发创新思维，推动文化事业的发展。

2.图书馆服务的价值体现

（1）知识普及与传播：图书馆作为公共文化服务机构，向社会公众提供免费、公平、便捷的知识服务。通过提供各类图书、期刊、电子资源等，满足不同人群的学习需求，促进知识的普及和传播，提高全社会的文化素质。

（2）教育支撑：图书馆不仅是知识和信息的集散地，更是教育事业的重要支撑。通过开展阅读推广活动、设立学生阅读区、提供学习空间等方式，图书馆为学校教育和终身学习提供了有力支持。此外，图书馆还承担着社会教育的功能，满足成年人继续学习和充电的需求。

（3）社会凝聚力建设：作为公共空间，图书馆为广大市民提供一个交流和互动的平台。在这里，人们可以分享阅读心得、交流思想观念、增进相互了解，从而增强社区的凝聚力。图书馆通过举办讲座、读书会、亲子活动等多样化的活动，促进不同群体之间的交流与融合，增进社会和谐。

（4）引领社会风尚：图书馆通过举办展览、讲座等活动，传播先进的文化理念和价值观，引领社会风尚的健康发展。同时，图书馆还致力于提升公众的文化素养和审美水平，推动社区文化的繁荣发展。

3.推动图书馆在文化保存与传承中发挥更大作用

（1）政策支持与资金保障：政府应加大对图书馆事业的投入力度，制定优惠政策并提供稳定的经费支持。通过制定合理的经费分配方案和专项资金制度，确保图书馆有足够的资源用于文献采购、设施建设和活动开展等关键领域。

（2）服务优化与创新：图书馆应不断改进服务模式和管理机制，提高服务质量和效率。通过引入现代化信息技术手段、拓展数字服务内容、创新阅读推广方式等措施，满足公众日益多样化的文化需求。同时加强与读者的互动与沟通，及时了解他们的需求和建议，持续改进服务质量。

（3）人才队伍建设：加强图书馆专业人才的培养和引进工作是关键。提高馆员的专业素质和服务能力，通过定期培训、学术交流等方式更新知识结构。同时重视人才梯队建设，吸引更多优秀人才投身图书馆事业中来。

（4）合作与资源共享：加强与其他图书馆、文化机构之间的合作与交流，实现资源共享和优势互补。通过共同策划活动、馆际互借、合作编目等方式，提高图书馆资源的利用效率和影响力，进一步发挥其在文化保存与传承中的作用。

在当前时代背景下，充分认识并发挥图书馆在文化保存与传承中的重要作用，对于促进社区文化的繁荣和发展具有深远意义。我们应当继续深化对图书馆服务价值的研究，以更科学合理的方式支持图书馆事业的发展，让图书馆成为中华优秀文化传承的重要载体和有力推动力量。

（四）信息素养和数字化发展

在信息技术日新月异的当今社会，图书馆作为信息传播的重要载体，正面临着前所未有的挑战和机遇。如何在数字化浪潮中充分发挥自身优势，提升社区居民的信息素养，成为图书馆亟待解决的问题。本文旨在探讨图书馆在培养社区居民信息素养方面的关键作用，分析图书馆服务的价值，以期为推动信息素养提升和社区数字化参与提供有益借鉴。

1.图书馆与信息素养培养

（1）信息素养的内涵：信息素养是指个体在信息社会中获取、处理、利用信息的能力，包括信息意识、信息技能、信息伦理和信息应用等方面。在数字化时代，信息素养已成为衡量一个人综合素质的重要指标。

（2）图书馆在信息素养培养中的作用：图书馆作为信息资源的集散地，具有丰富的文献资源和专业的服务团队，对于提升社区居民的信息素养具有得天独厚的优势。图书馆通过开展各类信息素养培训活动，如计算机培训、信息检索技能讲座等，帮助社区居民掌握基本的信息处理技能，提高信息获取和应用能力。

2.图书馆服务的价值体现

（1）适应数字化时代的需求：随着互联网、大数据、人工智能等技术的发展，社会信息量呈现出爆炸式增长。图书馆需要不断创新服务模式，如提供线上阅读、数字化资源等，以满足社区居民多元化的信息需求。

（2）推动信息素养的提升：图书馆通过开展信息素养培训和活动，有助于社区居民掌握信息时代所需的基本技能，提高整个社区的信息素养水平，为社区发展奠定坚实基础。

（3）促进社区数字化参与：图书馆作为社区居民获取知识的平台，可以引导居民积极参与社区事务，提高社区居民的数字化参与度，促进社区治理体系和治理能力现代化。

（五）社会经济效益

图书馆服务在社会经济效益方面具有不可忽视的影响力。首先，图书馆服务为社会提供了大量的就业机会，确保了社区的稳定与繁荣。这些就业机会涵盖了图书馆运营的各个环节，包括图书管理、馆舍维护、数字资源处理等，为众多专业人才提供了施展才华的平台。

其次，图书馆服务在促进图书、媒体和数字资源销售方面发挥了关键作用。图书馆作为文化产品的集散地，吸引了广大读者的关注，从而带动了相关文化产业的发展。这不仅为出版商、媒体机构和数字技术企业带来了可观的商业机会，同时也为地方经济的增长注入了活力。

再次，图书馆服务在社区中营造了浓厚的文化氛围，为居民提供了丰富的文化交流机会。通过举办各类学术讲座、展览和读书活动，图书馆促进了知识与文化的传播，激发了社区居民的求知欲和创造力。这不仅有助于提高居民的文化素养，还有助于增强社区的凝聚力和向心力。

最后，对图书馆服务的价值进行研究，有助于准确评估其对当地经济的贡献。图书馆服务不仅是无偿的文化供给，更是一种隐性的经济投资。通过合理的评估与分析，我们可以更加清晰地认识图书馆服务在促进经济发展和提高人民生活水平方面的积极作用，为政府决策提供有力支撑。

第二节　公共图书馆服务价值获取方式

一、提高信息资源的数量和质量

公共图书馆，作为知识的海洋、信息的汇聚地，其服务价值的体现与馆内所拥有的信息资源的质量和数量有着不可分割的联系。对于广大读者来说，一个馆藏丰富、资源优质的图书馆，不仅能够满足他们的阅读需求，更能提升他们的阅读体验。因此，增加馆内信息资源的数量、提升信息资源的质量，便成了提升公共图书馆服务价值的关键。

（一）增加信息资源的数量

公共图书馆的核心职责是提供丰富的信息资源，以满足读者的多元化需求。为实现这一目标，图书馆必须不断地对馆藏资源进行扩充和更新。

在纸质书籍方面，公共图书馆应积极采购各类新书，包括文学、社会科学、自然科学等多个领域，确保馆藏资源的全面性和及时性。同时，对于一些珍贵的古籍和版本，图书馆也应积极收集和保存，以保护和传承文化遗产。

除了纸质书籍外，电子书籍也是现代图书馆不可或缺的一部分。公共图书馆应引进各类电子书籍和数据库，为读者提供便捷的数字化阅读体验。这不仅方便了读者的阅读，也提高了图书馆的馆藏资源利用率。

此外，期刊和报纸也是重要的信息资源。图书馆应定期更新和扩充期刊和报纸的馆藏，确保读者能够获取到最新的学术研究成果和时事信息。同时，对于一些具有历史价值的报纸和期刊，图书馆也应予以收藏和保存。

在扩充馆藏资源时，公共图书馆还应注重资源的多样性和国际化。这意味着图书馆不仅要引进国内外的优秀资源，还要关注不同文化背景的读者需求，收藏一些反映多元文化的书籍和资料。

最后，为了保持馆藏资源的时效性和适用性，公共图书馆应定期对馆藏资源进行评估和更新。对于一些过时、陈旧的资源，应及时淘汰并替换为新的、有价值的资源。同时，图书馆还应关注读者的反馈意见，根据读者的需求调整馆藏结构，提高馆藏资源的利用率和服务质量。

（二）提高信息资源的质量

公共图书馆是社会文化的重要载体，其核心任务是为读者提供高品质的阅读资源和服务。为了实现这一目标，公共图书馆需要在资源采购、管理及服务方面进行持续的优化和改进。

1.公共图书馆应高度重视资源的采购工作

采购的资源不仅要品质优良、内容权威，还要能够满足不同读者的阅读需求。图书馆可以与知名的出版社、专家学者等建立合作关系，确保采购的书籍和资料具有高度的专业性和权威性。此外，图书馆还需要根据读者的反馈和需求，定期调整采购计划，以满足读者不断变化的需求。

2.公共图书馆应加强资源的管理和整合工作

图书馆需要对大量的书籍、资料进行分类、编目和整理，以便读者能够快速、准确地找到所需的资料。同时，图书馆还需要利用数字化技术，对各类资源进行整合，建立统一的检索平台，方便读者进行跨库检索和查询。这不仅可以提高资源的管理效率，还可以提升读者的阅读体验。

3.公共图书馆应注重与其他图书馆、机构之间的合作与资源共享

通过建立合作关系，图书馆可以共享资源，互利互惠，提高资源的利用率。同时，图书馆还可以通过合作开展活动、交流经验等方式，共同提升服务水平，为读者提供更加优质的服务。

4.公共图书馆应关注读者的阅读体验和服务质量

图书馆需要提供舒适、宁静的阅读环境，以及便捷、高效的服务。同时，图书馆还需要通过调查、访谈等方式，收集读者的反馈意见和建议，及时调整服务内容和方式，提升读者的满意度和忠诚度。

（三）注重信息资源的更新和维护

随着社会的发展和科技的进步，信息资源的更新速度日益加快，公共图书馆在提供服务的过程中，如何确保资源的时效性和价值，成为一个至关重要的问题。为此，公共图书馆需要不断更新和维护资源，以满足广大读者不断变化的需求。

1.公共图书馆要及时关注信息资源的发展动态

图书馆工作人员需要密切关注各类信息渠道，了解各领域的研究进展和热点问题，以便及时采购和更新相关资源。此外，还可以通过与读者建立密切联系，了解他们的需求和意见，进一步优化资源配置。

2.公共图书馆要重视数字资源的建设和管理

随着互联网的普及，数字资源已成为信息获取的重要途径。公共图书馆应加大对数字资源的投入，采购各类电子书籍、数据库和网络课程等，以满足读者多样化的需求。同时，要加强对数字资源的维护，确保其稳定性和安全性。

3.公共图书馆要注重人力资源的培养和利用

图书馆工作人员是信息资源的组织者和传播者，其专业素养和服务水平直接影响到图书馆的整体效益。因此，公共图书馆应加强对工作人员的培训，

增强他们的信息素养和服务意识。同时，要充分发挥志愿者作用，吸引更多热心人士参与图书馆的服务和管理工作。

4.公共图书馆要积极开展宣传和推广活动

通过举办各类讲座、展览和活动，让更多读者了解图书馆的资源和服务，提高他们的信息素养和利用图书馆的能力。此外，还可以利用社交媒体等渠道，拓宽宣传途径，提高图书馆的知名度和影响力。

二、提升服务的质量和效率

在当今社会，公共图书馆作为公共服务体系的重要组成部分，其服务质量和效率对于实现服务价值具有至关重要的影响。为了提升服务质量和效率，公共图书馆需要在多个方面进行深入的改进和优化。

首先，公共图书馆需要不断扩充和优化信息资源。随着信息技术的迅猛发展，图书馆的馆藏资源已经不再局限于传统的纸质书籍，而是包括电子书籍、数字资源等多种形式。因此，公共图书馆需要紧跟时代步伐，不断丰富和扩充信息资源，以满足不同用户的需求。同时，图书馆还需要注重信息资源的质量，确保所提供的资料具有较高的学术价值和实用性。

其次，公共图书馆需要提升服务人员的专业素质和技能水平。服务人员是图书馆与用户之间的桥梁，其专业素质和技能水平直接影响用户对图书馆的印象和评价。因此，图书馆需要加强对服务人员的培训和教育，提升其专业素养和服务技能，以便为用户提供更加专业、高效的服务。此外，图书馆还需要建立健全人才引进机制，吸引更多具有专业背景和丰富经验的人才加入图书馆事业中来。

再次，公共图书馆需要加强服务创新和能力提升。随着社会的发展和用户需求的多样化，图书馆需要不断探索和创新服务模式，以满足用户不断变化的需求。例如，图书馆可以引入智能化的管理技术和手段，实现图书的自助借阅、自助归还等功能，提高服务效率。同时，图书馆还可以开展多元化的阅读推广活动，如读书会、讲座等，吸引更多的用户参与其中，提高图书馆的知名度和影响力。

最后，公共图书馆需要建立完善的用户反馈机制。用户的反馈是改进和优化服务的重要依据。因此，图书馆需要建立完善的用户反馈机制，及时收集和处理用户的意见和建议，了解用户的需求和期望。同时，图书馆还需要根据用户的反馈进行深入的分析和研究，找出服务的不足和问题，制定相应的改进措施，提升用户满意度和忠诚度。

三、增强用户的满意度和忠诚度

要提高用户的满意度和忠诚度，公共图书馆需要从多个方面入手。

首先，深入了解用户需求和行为习惯是至关重要的。通过市场调查和数据分析，可以发现用户对图书馆服务的需求和期望，以及在服务过程中的痛点和不便之处。例如，根据调查数据，某公共图书馆发现用户对馆内阅读环境的舒适度和信息资源的丰富度有较高要求，因此，该图书馆针对这两个问题进行了改进，增加了阅读区域的座位数量和照明设施，同时优化了资源采购策略，以满足用户的不同需求。

其次，公共图书馆应注重提高服务质量和效率。及时解决用户在利用图书馆过程中遇到的问题和困难，可以提高用户的满意度。例如，某公共图书馆通过建立用户反馈机制，及时了解到用户对图书馆服务的评价和意见，并针对反馈进行改进。同时，该图书馆还加强员工培训，增强服务意识和能力，确保用户能够得到专业、高效的帮助和支持。

最后，增强用户的满意度和忠诚度还需要公共图书馆不断创新服务模式和内容。随着信息技术的发展和用户需求的变化，公共图书馆需要与时俱进，推出符合用户需求的服务模式和内容。例如，某公共图书馆利用信息技术手段推出了数字化服务平台，提供电子书、期刊、学位论文等数字资源，方便用户远程访问和使用。同时，该图书馆还通过举办讲座、展览等活动，丰富用户的精神文化生活，提高用户对图书馆的认知度和认同感。

第三节 服务价值评估

一、评估指标体系的建立

评估指标体系的建立是公共图书馆服务价值研究的重要环节。这一体系应该全面反映公共图书馆服务价值的构成要素，包括信息资源的价值、服务的质量和效率、用户的满意度和忠诚度等方面。在建立评估指标体系时，可以采用多种方法，如文献调研、专家咨询、用户调查等，以确保指标的客观性和科学性。同时，评估指标体系应该具有可操作性和可量化性，以便于进行实证研究和比较分析。可以通过设立具体的评估指标，如信息资源的更新频率、服务响应时间、用户满意度调查得分等，来对公共图书馆服务价值进行量化和评估。

此外，评估指标体系还应该根据公共图书馆服务价值的构成要素之间的关系，建立相应的逻辑模型和权重体系，以更加科学地评估公共图书馆服务价值。可以通过建立结构方程模型，对公共图书馆服务价值构成要素之间的关系进行实证分析和模型检验，以得出更加准确和可靠的评估结果。

二、评估方法的比较与选择

评估方法的比较与选择是公共图书馆服务价值研究的重要环节。在评估公共图书馆服务价值时，需要综合考虑多种评估方法，以便更全面、准确地反映服务价值。定量评估方法可以通过收集和分析客观数据，对公共图书馆的服务价值进行量化和评估。可以通过调查问卷、用户满意度评分等方式收集用户对图书馆服务质量的评价，并利用统计分析方法对数据进行处理和分析，得出服务价值的量化评估结果。

定性评估方法则更注重对服务价值的质性分析和评估，通过深入了解用户的体验和感受，对服务价值进行更为细致和深入的探讨。可以采用访谈、观察等方法了解用户对图书馆服务的真实感受和需求，从而对服务价值进行更为贴切的评价。

此外，还可以采用组合评估方法，综合运用定量和定性两种评估方法，以提高评估结果的准确性和可靠性。可以采用定性和定量相结合的方法，对图书馆的服务质量进行全面评估，并利用数学模型等方法对数据进行处理和分析，得出服务价值的综合评估结果。

三、评估实践与案例分析

评估实践与案例分析是公共图书馆服务价值研究的重要组成部分。通过对实际案例的分析，可以深入了解公共图书馆服务价值的实现方式和效果，为提升服务价值提供有益的借鉴和参考。

例如，某公共图书馆通过引入智能化管理系统，提高了信息资源的检索速度和利用率，使用户能够更加便捷地获取所需信息。这一改进措施具体表现为图书馆内的检索机上增加了"一框检索"功能，用户只需要在检索框中输入关键词，系统就会提供所有相关的文献资源链接。这种改变使得检索流程大大简化，也提高了用户获取信息的效率。同时，图书馆还引入了移动图书馆服务，用户可以通过手机随时随地访问图书馆的电子资源，这一措施进一步扩大了图书馆的服务范围，提升了服务价值。

这些改进措施的实施，不仅提高了图书馆的到访人数和借阅量，还得到了用户的高度评价和认可。据统计，图书馆的到访人数增加了 30%，借阅量增长了 25%。此外，用户的满意度调查显示，90%的用户对图书馆的智能化管理表示满意或非常满意。这一结果进一步证明了信息资源的价值和服务的质量和效率对于提升公共图书馆服务价值的重要性。

此外，为了更科学地评估公共图书馆的服务价值，可以建立一个全面的评估指标体系。这个体系应该包括各个方面的指标，以便全面、客观地了解图书馆服务的质量和效果。

首先，到访人数是一个直观的指标，可以反映图书馆的受欢迎程度。高到访人数通常意味着图书馆在社区中发挥了重要作用，吸引了大量居民前来利用其服务。

其次，借阅量是评估图书馆使用频率和图书馆馆藏是否符合社区需求的重要指标。通过监测不同类型资源的借阅情况，图书馆可以调整和优化自己的馆藏，以更好地满足读者的兴趣和需求。

用户满意度是一个直接反映服务质量的指标。通过定期开展用户调查，收集用户对图书馆服务的评价和反馈，可以了解用户的期望和需求，从而及时做出调整和改进。这有助于提高用户满意度和忠诚度。

信息资源的数量和质量是评估图书馆学术和文化价值的重要因素。这包括图书馆的数字资源、特藏，以及其提供的在线数据库等。通过定期更新和优化这些资源，图书馆可以保持在信息服务领域的领先地位。

通过对这些指标的综合分析，图书馆管理者可以更全面地了解其服务的效果，发现潜在问题，并采取相应的改进措施。这种定量评估的方法不仅有助于提高公共图书馆的运营效率，还可以使其更好地适应社区的变化和需求。因此，建立一个科学合理的评估指标体系是优化公共图书馆服务价值的关键一步。

第四节 服务价值提升路径

一、优化信息资源配置

在信息化时代，公共图书馆面临着巨大的挑战和机遇。海量数据的涌现，使图书馆的信息资源管理变得更加复杂。如何在这种环境下提高信息资源的配置效率，提升公共图书馆的服务价值，成为当前亟待解决的问题。

（一）充分认识优化信息资源配置的重要性

优化信息资源配置是提升公共图书馆服务价值的关键环节。随着信息技术的快速发展，公共图书馆的信息资源日益丰富，但同时也面临着数据爆炸的挑战。在这种情况下，公共图书馆需要从数据采集、存储、处理和应用等多个方面入手，建立完善的信息资源管理体系，提高信息资源的配置效率。

（二）运用先进技术，提升信息资源管理水平

为了优化信息资源配置，公共图书馆可以运用先进的数据挖掘技术，对用户的行为和需求进行深入分析。这将有助于图书馆更加精准地把握用户喜好，为资源采购和推荐提供科学依据，从而提高信息服务质量和用户满意度。

（三）加强合作与交流，实现信息资源共享

公共图书馆需要加强与其他机构的合作，实现信息资源的共享和互利共赢。这不仅有助于扩大图书馆的资源范围，为用户提供更多优质服务，还能减轻单个图书馆的压力，提高整体服务水平。

（四）建立健全管理体系，保障信息资源配置优化

为了确保信息资源配置的优化，公共图书馆需要建立健全管理体系，从数据采集、存储、处理、应用等多个环节进行严格把控。同时，要加强人员培训，提高图书馆馆员工的业务素质，使其能够适应信息化时代的发展需求。

（五）关注用户需求，持续提升服务价值

在优化信息资源配置的过程中，公共图书馆要始终关注用户需求，以用户为中心，调整和优化服务内容。通过不断改进和创新，提升图书馆的服务价值，使其成为广大用户喜爱和依赖的知识宝库。

二、加强服务创新和能力提升

在当今信息时代，公共图书馆作为社会文化的重要组成部分，其服务价值的实现与创新显得尤为重要。随着科技的快速发展和用户需求的不断变化，公共图书馆必须紧跟时代步伐，加强服务创新和能力提升，以满足用户日益增长的多元化需求。

（一）服务创新的必要性

服务创新是公共图书馆发展的必然要求。随着信息技术的广泛应用，用户对图书馆服务的需求和期望也在不断升级。图书馆必须通过创新服务模式、提升服务能力，以适应这种变化，满足用户个性化、多元化的需求。服务创新不仅能够提高图书馆的核心竞争力，还能够增强用户黏性，提升图书馆的社会影响力。

（二）服务创新的实施路径

1.技术驱动的服务创新

利用先进的信息技术，如人工智能、大数据等，提升服务的智能化和个性化水平。例如，引入自助借还书系统、智能推荐系统等，为用户提供更加便捷、高效的服务体验。

2.跨界合作的拓展

与其他领域的机构进行合作，如学校、企业、社区等，共同开展各类阅读推广、知识讲座、技能培训等活动。通过跨界合作，拓展图书馆的服务范围，提高服务的社会影响力。

3.用户需求为导向

通过大数据分析，深入挖掘用户需求，为用户提供更加精准、个性化的信息服务。图书馆应始终将用户需求放在首位，以满足用户期望为服务创新的重要导向。

（三）能力提升的关键因素

公共图书馆服务能力的提升是实现服务价值的必要条件。在信息时代，用户对图书馆服务的要求越来越高。图书馆必须不断提升自身的服务能力，以适应这种变化。

（四）能力提升的具体措施

1.员工培训与发展

重视员工的培训和成长，增强员工的服务意识和专业能力。通过定期培训、技能提升等方式，使员工能够更好地为用户提供优质服务。

2.资源整合与优化

整合各类资源，优化服务流程，提高服务效率。图书馆应合理配置资源，确保资源的有效利用，为用户提供更加高效的服务体验。

3.持续关注新技术

紧跟信息技术的发展趋势，及时引入新技术，提升图书馆的服务水平。图书馆应保持敏锐的洞察力，将新技术应用于服务中，以满足用户不断升级的需求。

三、完善用户服务和反馈机制

用户服务和反馈机制在公共图书馆服务体系中扮演着至关重要的角色。为了给用户提供更优质、更个性化的服务，公共图书馆必须重视并不断完善用户服务和反馈机制。

首先，建立完善的用户服务体系是提升公共图书馆服务价值的基础。这包括提供多样化的服务方式，以满足不同用户的需求和喜好。例如，除了传统的图书借阅服务，公共图书馆还可以提供讲座、展览、数字化资源等多种形式的服务。通过不断丰富服务内容，公共图书馆可以吸引更多的用户，提高用户满意度和忠诚度。

其次，公共图书馆需要建立有效的反馈机制，及时收集和分析用户反馈信息。通过定期开展用户调查、设立用户意见箱、在线客服等方式，公共图书馆可以了解用户需求和意见，针对性地改进服务质量和提升用户体验。同时，运用数据分析技术对反馈信息进行分析处理，发现服务中存在的问题和不足，提出相应的改进措施。通过持续改进服务，公共图书馆可以不断提升用户体验，增强用户黏性。

此外，建立激励机制也是公共图书馆提升服务价值的重要手段。通过鼓励用户参与服务评价和改进，公共图书馆可以实现用户和服务提供者的良性互动。例如，可以设立用户委员会，让用户参与到图书馆决策过程中，为图书馆发展提供有益建议。同时，通过积分制度、礼品赠送等方式，奖励积极参与服务评价和改进的用户。这种激励机制可以激发用户的参与热情，促进用户和服务提供者共同成长。

四、推动公共图书馆的可持续发展

公共图书馆的可持续发展不仅关乎馆内服务的提升，更涉及社会文化的健康发展。在当代信息化和全球化的环境下，公共图书馆既面临着新的挑战，也蕴藏着更多的机遇。

首先，构成公共图书馆服务价值的要素需在可持续性的框架内得以优化。这不仅包括满足当前需求的服务内容，还需要紧密关注未来发展的趋势，引入先进技术，拓展数字化服务，以适应信息时代的需求。数字资源的丰富与更新、多元化的文化活动等都是构建可持续服务价值的重要元素。

其次，实现可持续发展需要建立灵活、创新的实现途径。公共图书馆应积极拥抱新技术，利用社交媒体、在线学习平台等手段与读者互动，创新服务模式，使服务更贴近读者需求。通过合作与联盟，图书馆可以更好地整合资源，提高服务效率，共同应对日益复杂的信息环境。

在评估可持续发展的过程中，除了关注传统的到访人数、借阅量等指标外，还需要引入更全面的指标体系。例如，可考虑社区居民的文化参与度、数字资源的使用率、文化多样性的推广等。这样的综合评估更能客观地反映公共图书馆在社区中的综合贡献，从而更好地指导馆内服务的调整和优化。

最后，提升公共图书馆的可持续发展需要综合运用多种策略。这包括政府支持、社区合作、科技创新等多方面的努力。政府应加强对图书馆的支持，提供充足的经费，为图书馆的数字化升级和服务创新提供支持。同时，与社区建立更加紧密的合作关系，倾听社区居民的需求，推动图书馆更好地服务社区。科技创新方面，通过引入人工智能、大数据分析等技术，提升服务的个性化和精准度。

第四章　公共图书馆读者工作

第一节　公共图书馆读者工作概述

一、公共图书馆读者工作

（一）公共图书馆读者工作的概念

在公共图书馆中，读者工作可以分为广义和狭义两种。广义的读者工作，即读者管理，是指图书馆管理者对读者进行有目的的整理，深入研究他们的阅读需求，协调图书馆与读者的关系，以最大限度地发挥文献信息和读者智力资源的作用。这种工作关注整个读者群体，了解其组成结构、阅读心理和需求，旨在提高读者服务水平和质量，全面实现图书馆各项服务功能，从而提升文献信息利用的社会和经济价值。

狭义的读者工作专注于向读者宣传、推荐、检索和提供文献，是公共图书馆与读者联系的桥梁和纽带。

广义的读者工作在图书馆实践中指的是组织读者利用图书馆资源的各项活动。在理论体系中，它被称为"读者学"或"读者工作学"，是一门研究读者及其活动规律的学科。以"读者第一"为核心思想，它关注图书馆工作范畴中的读者及其活动规律，包括读者类型、结构、心理、阅读倾向、阅读与情报需要等方面的内容和规律。此外，该学科的外延涉及读者服务、组织管理、服务方法与效益评价等方面的方法和理论。这门学科在我国形成于 20世纪 80 年代初期，是一门新兴的分支学科。

（二）读者服务工作与读者工作的区别

尽管在工作实践中读者工作和读者服务工作常被看作同义词，但从严格的定义来看，它们并非完全相同。读者工作是指图书馆根据读者的文献需求，通过组织研究藏书、读者和服务，帮助读者利用馆藏文献并获取知识的一系列活动，也被称为读者服务或图书馆服务。这是一种实现图书馆工作社会价值的专业实践。在公共图书馆的实际操作中，读者工作指的是组织读者利用图书馆资源的各项活动。而在理论体系中，它构成了研究读者及其活动规律的学科，即读者工作学。

读者服务工作是公共图书馆通过组织研究馆藏文献、读者和服务，利用文献信息及其他条件，帮助读者获取和掌握信息的专业工作。其目标在于实现图书馆的社会价值，通过提供专业服务，满足读者的信息需求，促进知识传播和社会进步。读者服务工作是读者工作的核心，新时期主要涵盖九个方面的服务：文献信息提供、文献信息开发、文献信息检索、参考咨询、读者辅导、网络建设和网络信息、宣传报道、外文文献代译等，同时也包括电子文献、数据库文献、网络文献等现代服务。读者需求广泛，包括学习、研究、借阅和检索等不同层次和形式的需求。为满足这些多样化的需求，公共图书馆需要开展多种形式的服务活动。

读者服务工作既是读者工作的组成部分，也是其表现形式，是体现和展现读者工作的过程。虽然读者工作的内容远比读者服务工作丰富，但它必须在读者服务过程中得以体现，并受到其检验和评价。除了读者服务工作，读者工作还包括读者研究与教育、阅读研究与指导、组织管理以及读者工作部门的自身建设与发展等其他组成部分。然而，所有这些组成部分都应当围绕着读者服务工作的效率和质量展开。

（三）读者工作的内容

读者工作的内容涵盖了四个主要构成部分，包括读者研究、读者服务、文献与目录的调研、布局及排列，以及各项宣传与组织管理工作。这些方面共同构成了图书馆为满足读者需求、提供优质服务以及高效管理而展开的综合性工作。

1.组织与研究读者

为做好读者工作，必须确定读者服务范围和服务重点，制定读者发展规划与计划，定期发展或登记读者，划分读者类型，掌握读者动态，组织与调整读者队伍，研究读者心理、阅读需求、阅读特点及阅读效果等。这些步骤构成了做好读者工作的前提条件，为提供更优质的服务和更好地满足读者需求奠定了基础。

2.组织各项服务活动

为满足不同读者对文献的需求，图书馆应根据实际需要，差异化地开展服务活动。这包括多类型、多级别的服务方法，涵盖外借、阅览、复制、咨询、网络信息导航、文献传递、检索、定题、编译、情报、网络数据库检索、科技查新、休闲娱乐等形式。通过这些服务，图书馆将馆藏文献转化为新的知识、思想、技术和方法，最终促成新的生产力和先进的文化，同时提高了读者的科学文化知识水平，全面展现了图书馆工作的社会价值。

3.组织各项宣传辅导活动

为了吸引更多读者充分开发和利用图书馆资源，图书馆应积极组织广泛的学术报告和科技交流活动，主动开展文献信息的宣传报道和陈列展览，确保及时传递最新情报信息。此外，图书馆还需有针对性地编制各种专题书目索引，定期进行图书馆知识的宣传教育，积极参与读者选择书刊、检索文献、评价阅读内容及阅读方法的指导，全面发挥图书馆的教育和情报职能。

4.组织管理工作

为了有效进行读者服务活动，读者工作部门必须进行自身建设和组织管理。这包括设立工作岗位、配备工作人员、组织劳动分工、明确岗位职责，并建立业务人员的管理、培训、考核和奖评制度。同时，需要建立服务规章制度，完善藏书内容范围与使用方法，提升服务技术手段，完善读者服务体系，为读者提供良好的环境条件，持续提高服务质量和效益。

读者工作的四个部分，即组织与研究读者、组织各项服务活动、组织各项宣传辅导活动、组织管理工作，彼此依存，联系紧密，构成了完整的工作体系。在这体系中，组织与研究读者为读者工作提供前提条件；组织各项服务活动是其组织形式和表现过程；组织各项宣传辅导活动是基本要求；而组织管理工作则是确保读者工作能够顺利进行并取得成效的根本保证。

（四）读者工作意义

读者工作在公共图书馆中扮演着核心角色，是直接服务社会和读者的活动，也是公共图书馆工作的起点和目标。所有图书馆工作的终极目标都是为了让读者更好地利用图书馆资源。读者工作直接反映了图书馆的性质、职能、方针和任务，是图书馆社会效益的体现，同时也推动着其他各项工作的展开。在一定程度上，读者工作代表了图书馆的发展水平，成为衡量图书馆工作优劣的标准。

读者工作扮演着连接读者和图书馆的重要角色，是公共图书馆工作的前沿。它直接对接社会和各类读者，是读者利用图书馆资源的入口，也是图书馆为读者提供服务的前线。在为读者服务的过程中，不仅让读者受益，也使图书馆从读者中得到回馈。这种桥梁作用不仅方便了读者利用图书馆资源，同时也为图书馆创造了良好的工作环境，使其更好地履行社会职能。

读者工作的成效直接反映了图书馆对社会各个领域所产生的广泛影响，成为检验图书馆社会价值的重要标尺。通过读者的利用，我们能够评估图书馆工作的质量和馆藏文献信息的使用价值。每一份文献的入藏都代表了图书馆人创造性劳动和心血的付出，而这些努力的使用价值需要通过读者的利用来显现。因此，读者工作成为衡量公共图书馆工作质量和价值的重要尺度，直接揭示了图书馆的社会价值。

公共图书馆的读者服务工作不仅内容丰富，而且具有深远的意义。作为图书馆工作的重要组成部分，读者服务不仅是联系社会与读者的纽带，也是展示图书馆工作质量和社会文明程度的重要窗口。通过在社会文献信息交流系统中提供有针对性的服务，读者服务满足了不同层次的文献需求，最大限度地满足了读者和社会的需求，在社会发展和经济建设中发挥了重要作用。读者服务不仅是现代图书馆价值的具体体现、满足读者对文献的需求、促进现代化建设的发展，同时也是现代图书馆的中心任务，是公共图书馆存在的根本价值。

二、读者工作的原则

印度图书馆学家阮冈纳赞在 20 世纪 30 年代提出的"图书馆学五定律"为图书馆服务的指导思想确立提供了基础。这五个原则强调了书是:为了被利用、为一切人而存在、要给读者所有的书、要节省读者的时间,以及图书馆是一个生长着的组织。这些原则继承和发展了杜威图书馆服务的"三适当"准则,对现代西方和东方国家图书馆的读者工作有着深远的影响。

自 20 世纪 50 年代起,我国图书馆明确了"一切为了读者"的工作理念,强调服务至上,为读者千方百计提供服务。这个指导方针虽然在不同社会背景下有各种理解,但它反映了读者工作的本质规律,是全球图书馆工作者智慧发展的共同财富。这些口号不仅是战略思想,更是长远的指导意义,应贯穿于图书馆读者工作的始终。

读者工作在公共图书馆中扮演着至关重要的角色,直接影响着藏书的利用和图书馆满足读者需求的程度。中国图书馆在制定读者工作原则时,充分借鉴国内外经验和理论成果,同时结合本国传统和现实特点,确立了一系列原则以确保高效的读者服务。

（一）以人为本的原则

我国公共图书馆以"以人为本"的原则为读者提供便利,实现了有效管理以促使读者充分利用图书馆资源。这一原则不仅符合公共图书馆的性质和任务,还有助于充分开发馆藏文献,提升服务效益。然而,在贯彻这一原则时,图书馆需特别关注一些关键问题,以确保服务的顺畅和读者的满意度。

1.从方便大多数读者出发

公共图书馆的规章制度和管理办法的本质目的是维护读者利益,而非制造障碍。尽管在实际工作中为了协调各方关系,图书馆可能制定了一些为方便管理而对读者不太方便的规章制度。这些规章制度是对实践经验的总结,但随着工作的发展和认识的深化,图书馆应及时检查规章制度,发现不合理之处,并坚决进行改革。图书馆在制定规章制度时需要综合考虑便利读者和科学管理的双重因素,确保两者的统一。便利读者应涵盖所有读者,而不是偏袒某一部分，且这种便利应具有长远的效果。在制定规章制度时，需要确保在满足一般读者阅读需求的同时，保障重点读者的需求。总体而言，图书馆的规章制度应当以保障多数读者的利益为出发点。

2.建立多功能的目录检索体系

目录在图书馆中的作用是引导读者查找文献，而多功能的目录检索体系更能够使读者迅速、准确地找到所需的文献。随着科技的飞速发展，计算机和通信设备在图书馆得到广泛应用，图书馆目录也正在逐步实现自动化和网络化检索，使检索过程更加便捷高效。

3.对藏书进行合理科学的组织与布局

藏书组织是公共图书馆中对文献进行科学合理布局的过程，旨在建立有序的馆藏体系。随着馆藏的不断增加，科学合理的组织和布局有助于读者方便快捷地获取所需资料，同时也便于管理，提高服务质量，确保馆藏的完整性，避免丢失和损坏。此外，对藏书的补充、剔除、保护，以及图书排架、清点、宣传和阅读辅导等工作也是不可忽视的。

4.扩大文献的开架借阅范围，简化借阅手续

为了更好地满足读者的阅读需求，公共图书馆需要采取多样的服务方式，包括集体外借、预约借书、馆际互借、网上文献传递、邮寄借书、馆外流动借书等。引入自动化管理能够显著减少读者在借阅处办手续的时间，提供更为便捷的服务。而开架借阅则能够使读者直接与图书面对面，最大限度地方便他们利用馆内文献资源。

5.是否具有合理的开馆时间

虽然延长图书馆的开馆时间对读者有益，但必须综合考虑工作人员的作息和读者的工作学习时间。开馆时间并非越长越好，而是应该与大多数读者利用图书馆的最佳时间相匹配。

（二）区别服务的原则

区别服务是一种有针对性的服务，其核心在于将服务看作一门艺术，强调服务效果和质量，是搞好读者工作的基本政策。在公共图书馆工作中，作为社会教育工作，必须根据读者的不同情况采取差异化的服务方针，才能事

半功倍。区别服务的实施受到三个方面因素的影响：

1.图书馆藏书结构与读者结构因素

区别服务原则基于对读者和藏书进行系统分析，考虑到它们都是多级别、多层次的动态结构。图书馆管理者应采取有针对性的方式来满足不同读者的需求，核心目标是提高读者工作的有效性，确保所有文献资源发挥价值，使所有读者都能得到所需的服务。

2.图书馆服务机构和服务方式的多功能性因素

图书馆为满足读者需求和藏书使用特点，设立了多个部门，包括借阅流通、咨询参考、宣传辅导等，提供外借、阅览、咨询参考、检索、情报调研等多种服务活动。多功能的服务机构和方式决定了区分服务是读者工作的形式。贯彻区别服务原则有助于使图书馆服务工作有明确的主次，确保关注重点，同时兼顾一般需求，以确保资源用在最需要的地方。

3.图书馆的各项社会职能因素

图书馆的职能主要来自其中介性，包括社会文献流整序、文献传递、智力资源开发、社会教育、文化遗产搜集和保存。这些职能是在公共图书馆发展过程中逐渐形成的，各阶段有不同的侧重点。总体来说，这些职能是相互联系、互相补充的，对于不同类型的图书馆，职能的侧重点也会根据具体情况而有所不同。因此，强调要根据各馆的实际情况来发挥图书馆的职能，使其更有针对性。

（三）科学服务的原则

科学服务的原则要求图书馆工作者遵循自身工作规律，按照科学思想、态度、方法和管理措施组织读者服务活动，这是所有图书馆工作的基本要求。科学思想要求具备整体全局观，运用全面联系发展的观点认识问题；科学态度强调实事求是，从实际出发，注重实效；科学方法指形成一整套实践与理论相结合的方法；科学管理措施包括规章制度、先进技术设备和服务手段。

（四）资源共享的原则

资源共享是图书馆事业发展和读者服务的基本原则，概念早在 20 世纪五六十年代就被提出。它指的是图书馆相互分享各种资源，包括藏书、人员、设备、工作成果等，为读者提供更多服务。资源共享是解决图书馆面临的购书经费不足、藏书空间有限、文献保障率低等问题的关键，也是图书馆多年来的梦想。为更好地开发信息资源，图书馆需要更新观念，采用现代化技术和网络，实现全方位的资源共享，推动图书馆向数字化转变。

（五）充分服务的原则

充分服务的理念是全面开发和利用图书馆资源，以最大限度满足读者需求，实现图书馆为社会服务的使命，是读者工作追求的共同目标。充分服务的原则体现了"一切为了读者"和"读者就是上帝"等方针与战略思想，强调两个层面的意义：一是以文献为中心，努力满足读者对文献的需求；二是图书馆的各项工作，包括文献、行政管理、思想政治等，都应紧密围绕读者活动展开，将读者需求作为一切工作的出发点和归宿。

1.树立读者本位意识，把读者利益看作图书馆的第一利益

读者利益主要指的是读者充分使用图书馆资源的权利，包括借阅图书期刊、借阅册数、借阅期限、阅读时间、开馆时间等，以及情报咨询、文献利用、图书证的办理及使用等。这些权利应得到保护和尊重，任何人不得以任何借口侵犯读者的基本权利。读者的本位意识强调图书馆是为读者服务的，一切活动都应以读者为中心。图书馆的藏书建设应根据读者需求，开馆时间应符合读者利用的最佳时间。借阅图书的期限也应根据具体情况设定，确保图书正常流通，同时保障读者有充足的时间阅读和利用图书。

2.尽最大努力满足读者的阅读需要

读者的阅读需求多样，而图书馆的文献资源有限，无法满足所有读者的需求。为使有限资源发挥最大作用，需要采取有效措施，如延长开馆时间、增加阅览文献比重、提高文献借阅频率、实行预约借书等服务，以充分满足读者需求。现代图书馆不仅提供文献服务，还拓展到知识服务、咨询服务，以及解答各类问题。在提供多功能服务的同时，图书馆还应加强特色服务，构建独特的馆藏特色，以更好地为读者提供服务。同时，图书馆还应积极开展资源共享活动，通过馆际互借等方式，满足读者的特殊需求。

3.图书馆内务工作与读者需要发生矛盾时，应服从读者需要

在公共图书馆中，服务工作的核心是满足读者需求，尽管在操作层面可能涉及多方面的矛盾。处理这些问题时，图书馆应当以读者需求为优先考虑，避免与之发生冲突。我国公共图书馆的读者工作原则虽各有特色，但共同构成一个有机联系的整体。以人为本的原则突显了公共图书馆服务的本质，充分服务的目标是所有图书馆的共同追求，而区分服务和科学服务则是必须遵循的政策和基本要求。在服务读者的过程中，图书馆需要在这些原则中取得平衡，以更好地满足读者的需求。

三、公共图书馆读者工作的发展史

（一）国外图书馆读者工作的发展历程

在西方，图书馆服务的历史可追溯至公元前 6 世纪。古希腊墙壁上发现的刻有"不得将图书携出馆外"的文字表明阅览是图书馆最早的形式。随后，阅览逐渐发展为外借制度。在 15 世纪，英国著名藏书家理查德·伯里编制了藏书目录，制定了借书办法，明确服务思想："我们的目的是使这些书可供大学城区的学生和教师、僧侣或俗人，学习和研究。" 17 世纪，法国近代图书馆学理论的奠基人之一诺德在《关于图书馆建设的意见》中精辟地阐述了创办图书馆的目的，强调"图书馆是供人深入研究而非仅仅浏览的场所""如果不打算将书提供给公众使用，那么一切建设的努力和巨额的购书开支都将白费"。因此，他主张不应限制对"最普通人的帮助，让人们借阅书籍，服务时间也应相应延长"；即使是"偶尔前来图书馆的人也应该有机会与管理员见面，得到进馆的许可，毫无阻碍"；而"知名人士也应该允许借阅一些普通书籍并携回住所"。

19 世纪中叶，引入了邮寄借书这一形式，通过邮政传递手段实现图书馆馆藏文献的外借服务。这种服务形式主要服务于远离图书情报机构、有需要但文献资源匮乏的单位或个人读者，以及行动不便的读者，同时也促进了馆际互借。邮寄借阅成为拓展图书情报机构服务范围、充分发挥馆藏资源利用

效益的有效手段，尤其在近代西方公共图书馆中广泛应用。英国、丹麦、美国等国是"邮寄借阅"服务的先驱者。在这些国家，任何人都可以通过邮递或馆际互借方式，方便地借阅到所需的书籍。随着邮寄借阅和馆际互借方式的兴起，以及 20 世纪初电话咨询方式的推广，读者不再需要直接访问图书馆，阅读服务得以更为便捷地提供。

　　流动书车是近代西方公共图书馆提供的一项重要社区服务，在英美等国得到广泛推广，旨在扩大读者群体并服务郊区和农村地区的读者。早在 19 世纪末和 20 世纪初，美国东北部的一些州就开始实施流动书车服务。对于流动书车的评价，美国近代图书馆事业的奠基人之一杜威持高度赞扬态度。1892年，杜威在担任纽约州立图书馆馆长时，亲自利用流动书车为偏远地区的广大居民，特别是为农民提供图书服务。杜威的这一实践经验后来被广泛借鉴并在世界各国推广应用。

　　20 世纪后期，图书馆服务在追求读者方便的基础上迎来多种创新服务方式的兴起，如流动书库和参考服务。随着第二次世界大战的结束，图书馆服务经历了法治化、科学化和现代化的进程，其中 1956 年美国通过的《图书馆服务法》是这一变革的里程碑。然而，在 20 世纪 70 年代初期，计算机化主要用于图书馆内部业务，未能从根本上改变服务架构。到了 80 年代，信息化浪潮的兴起对传统文献服务提出了挑战，强调信息服务的重要性，将有用的显性信息直接提供给用户，这标志着图书馆服务迎来了新的时代。随着网络的迅猛发展，人们通过各种检索手段轻松获取文献、数据和事实信息，消除了过去在文献利用上所存在的"场所束缚"、图书馆利用的"时间限制"以及文献与利用者之间的"地理间隔"等问题。这一变革推动了图书馆服务的演进，将重点放在提高服务便利性和鼓励自助利用图书馆馆外服务的发展方向上。

　　学者小野泰博总结了贯穿于西欧图书馆史的三个关键观念："慈善的人类爱""书是供所有的人使用的"和"组织的怀疑论"。首先，"慈善的人类爱"体现在读书普及运动和社会对图书馆建设的慷慨捐资，深刻影响了"图书为人人"思想。随着社会力量的发展，到了 19 世纪，"书是供所有的人使用的"观念得以确立，包括社会思想、政治思想、产业化、教育的普及以及书籍生产的丰富。最后，"组织的怀疑论"强调在学术研究中实行学习和批评的共有性原则，促进了研究者之间的合作和知识共享。

在 1602 年的讨论中，里普修斯对图书馆的角色和意义提出了质疑，认为一个空无人烟、鲜有读者的图书馆没有实际意义，因为其藏书无法为人所用。他指出，赛卡乃曾表示图书馆表面上是学术的象征，实际上却是奢侈和懒惰的象征。然而，英国皇家图书馆管理者都利则强调图书馆应当具备实用性，并提出了其他有益的观点，强调图书馆的价值应当在于为社会提供实际帮助和益处。

在 17 世纪，图书馆学家诺德提出了一项重要观点：图书馆不应该只服务于特权阶层，而应该向所有渴望学习的人开放，并建议图书馆服务时间应延长。莱布尼茨也对图书馆提出了关键见解，强调图书馆的首要义务是确保读者能够充分利用馆藏。这包括提供全面的目录、延长开放时间，并减少对借阅图书的限制。

我国藏书楼的藏书开放管控较为严格，与之形成鲜明对比的是西欧图书馆更为开放的服务理念。以 1642 年的巴黎马赞林图书馆为例，它向所有有学习意愿的人开放；而 1735 年的法国皇家图书馆也做出了同样的开放举措。到了 19 世纪中期，免费、公共并获得税收支持的图书馆已经成为美国社会生活不可或缺的一部分。

图书馆发展的脉络表明，其核心动力始终是为读者提供服务。随着社会需求和科技发展，服务内容从传统的文献提供演变为更全面的信息获取和知识服务。服务方式也不断演进，从面对面服务到远程和全球化服务的多样化展现了图书馆服务的前沿。这种不断更新与拓展的趋势使图书馆更好地满足了读者的需求，并持续发挥其在社会中的重要作用。

（二）我国公共图书馆读者工作的发展历程

1.藏书楼时代的读者工作

中国的藏书历史源远流长，虽然早期记录的起点可以追溯到上古时期，但最早正式记录的藏书机构可追溯至老子管理的周王室藏书室。在封建社会里，藏书楼代表着国家、宫廷、书院和私人的文献收藏中心，其职责在于保存文献、校勘版本并供一定范围的读者使用。尽管读者范围有限，但藏书楼在保存珍贵文献、传承文化、传播知识以及培养人才方面仍具有不可磨灭的重要贡献。

春秋战国时期，从孔子修订古籍到各家学派著书立说，人们开始广泛接触和利用丰富的藏书。在汉代初期，张良、韩信等人曾在国家藏书楼"东观"研读兵法经典；同时，司马迁的《史记》和班固的《汉书》均在担任官职期间完成。公元 220 年，王象等人利用皇家藏书编纂了中国历史上第一部类书《皇览》。

魏晋南北朝时期私人藏书兴盛，相互借阅和借抄十分普遍。唐代学术活动主要依托于国家藏书楼"秘书省"。宋代的藏书楼建立了一系列管理制度，包括图书借阅期限和赔偿等规定。宋敏求拥有 3 万卷藏书供人借阅，吸引大量人争相居住在其附近，导致周边房租暴涨。另一位，毛晋则是汲古阁的主人，他不惜高价购书并允许他人借阅，来借书的读者车马络绎不绝，延续了二十余里的距离。

在清代，没有禁止公开借阅的规定。尽管清人周永年提出了开放所有藏书供读书人使用的建议，但除了他自己设立的"借书园"外，很少有人采纳这种做法。据《藏书纪事诗》作者叶昌炽所述，前清有 497 位知名藏书家，但大多数读者无法接触到他们的藏书，这反映了封建时期藏书楼读者范围狭窄的现实。然而，清代江南的文宗、文汇、文澜三阁对外出借藏书，算是开创了国家藏书对外开放的先例。

清末时期，马建忠成为第一位官费留学生，并提出了兴建新式图书馆的具体建议。然而，第一个系统地提出新式图书馆思想的是改良主义先驱郑观应。他在《盛世危言》第四卷中介绍了西方国家的图书馆，并称赞它们建馆和公众利用书籍的方式，批评了中国的私人藏书楼无法公众共享，并指出子孙后代可能无法阅读其中的藏书。他认识到中国藏书楼与西方图书馆的本质区别，呼吁建立由政府主导的公共藏书馆，并认为若中国能广泛建立西式图书馆，将有助于国家的繁荣。

2.近代图书馆的读者工作

随着中国封建专制体制的崩溃，康、梁戊戌变法和西方文化的输入，传统的藏书楼逐渐衰落，为现代图书馆的兴起埋下了伏笔。西方文化的涌入也带来了西方图书馆的管理理念和服务方式。在 19 世纪 40 年代，中国近代思想先驱如林则徐、陈逢衡、姚莹等人提及了英美等国的图书馆，明确表示了向西方图书馆学习的意愿，并主张摒弃传统的藏书楼观念。清末的改良主义者王韬在 1883 年提出了将藏书向社会开放的观点。接着，中国最早的高校图书馆——京师学堂藏书楼（现为北京大学图书馆）成立于 1902 年。随后，1909年，湖南省图书馆成立，成为中国历史上第一个正式以图书馆命名的官办公共图书馆。1909 年 12 月 17 日，清政府发布了我国最早的官方图书馆章程《学部奏拟定京师及各省图书馆通行章程》，共 19 条规定。然而，该章程中第十九条征收入馆费、限制民众利用图书馆的权利，与西方公共图书馆的理念存在明显差异。1910 年，北京图书馆（即京师图书馆）正式成立。在此期间，全国各地陆续建立了图书馆，推动了美国式的图书馆运动。武昌文华公书林是典型的美式图书馆之一，由美国图书馆馆员韦棣华女士于 1903 年捐资创办，公开展示文华大学的中西文图书和期刊，并以开架方式对社会开放，藏书数量达 5 万余册。该图书馆初期举办演讲，吸引学生和公众前来阅览，并设立分馆和巡回书库，方便公众使用图书馆资源。

1901 年，皖绅何熙年、潘世琛等人筹措捐款，在皖城开办了皖省藏书楼，被视为中国近代第一个正式的公共图书馆。这标志着公共图书馆的雏形出现。皖绅强调藏书楼的公共性，其章程规定不仅允许皖省"有志学问之士"，也向外省的学者开放，彰显了开放、公益的图书馆理念。这种"大公"的藏书楼思想开创了图书馆向更广泛群体开放的先河，成为中国近代公共图书馆发展的重要里程碑。1902 年，浙江绅士徐树兰建立了古越藏书楼并向公众开放。尽管该藏书楼是徐树兰个人资助，但其设立目的是为当地居民提供学习参观之用。徐树兰为保障公共性质，通过设立制度规定，要求欲借阅图书者先了解藏书楼的章程，登记个人信息和借书需求，随后可免费借书，无须提供押金，实现了图书馆资源的平等、免费对外开放。这种开放、平等的图书馆管理模式为当时中国图书馆的发展树立了典范，强调了知识的普及与共享。

梁启超是我国近代著名思想家和维新派的代表人物，他于 19 世纪 90 年代主张变法维新，认为新型图书馆教育民众是学习西方、挽救国家、实现维新事业的重要组成部分。他的理念推动了中国社会对新式图书馆的认知和接受。1896 年 9 月，梁启超在其主编的《时务报》上首次使用了"图书馆"一词，直接借鉴自日文"图书馆"。随后，1903 年，清政府在《奏定大学堂章程》中正式采用了"图书馆"一词。

新文化运动始于 1915 年，主张民主和科学，认为中国滞后的根本原因是民族素质低下。1919 年，李大钊在北京高等师范学校图书馆两周年庆典上的演讲中强调图书馆不再只是收藏书籍的场所，而是教育机构，主张采用开架式服务以改变文库式服务。他主张图书馆应增加图书复本，并认为这是图书馆发展的新趋势。在他的指导下，邓中夏在北京大学马克思主义研究会设立了一个图书馆，收藏了丰富的马克思主义中西日文图书杂志，并对公众开放，建立了健全的图书借阅制度。

民国初期，教育部推崇通俗教育，将教育的目标定位于提升国民素养，培养国民精神。1915 年，民国教育部颁布了两部图书馆章程，其中规定了"通俗图书馆不征收阅览费"的规定，这明确表述了图书馆免费服务的政策，对通俗图书馆的普及起到了重要的推动作用。20 世纪二三十年代，中国的图书馆学者提出了公共图书馆的服务宗旨和方向，强调图书馆应该朝向社会化和平民化的方向发展。随后，各省图书馆开展了多项图书阅览和社会文化活动，公共图书馆的服务理念和方式都有了一定程度的进步和改进。

杜定友于 1926 年撰写了《图书馆学的内容与方法》的长文，其中提倡了"图书馆服务精神"，将其描述为一种"特殊的服务精神"。他对图书馆工作者的要求极为严格：一方面要像"处女"一样安静、专注；另一方面要在不同场合中活跃，表现出"奋斗、牺牲、忍耐、沉默"的精神，以及高尚、清洁的人格，亲切、慈善的态度。杜定友认为，如果缺乏图书馆服务精神，即使拥有高深的学识，也无法对社会人群产生实质性的裨益。

近代西方公共图书馆的"流动书车"在中国也有"巡回文库"的实践。1891 年，上海图书馆开始提供"巡回文库"服务，波唐（Purdon）提议增加图书馆补助费，用于在各警务署举办免费的巡回文库。1893 年，中央、虹口和老闸三处的警务署已提供免费图书阅览服务。民国时期，巡回文库在中国有了进一步发展，1916 年《教育公报》介绍了巡行文库的设置方法。但自民国成立以来，各省设立的巡回文库尚不甚多。

民国时期，"巡回文库"作为一种文化传播形式从上海开始向全国各地扩展，虽然尚未在全国范围内全面开展，并且在不同省份的发展水平存在差异，但这一进展代表了文化传播和知识普及方面的相当大的进步。

上海通信图书馆是第一个公开推动流通进步书刊的图书馆，它率先取消了铺保，废除了押金，实行免费借阅服务。图书馆的执行委员利用业余时间为读者提供服务，并没有计较报酬，因此受到广大会员和读者的热爱与支持。图书馆通过邮递方式陆续借出数万次图书，损失占比不到千分之七八，而其中大部分损失是在邮寄过程中发生的，即使出现邮寄损失，读者也自愿承担赔偿责任。此外，该图书馆采用了创新的方式，标注每本书的重量和借期，同时在约定借书和寄书的封皮上合印，为读者提供了寄存邮费等服务。受到上海通信图书馆的启发，浙江、江苏等地也开始效仿，开展了通信借书工作，促进了更多地区图书馆服务的创新与普及。

苏维埃中央图书馆是中国共产党领导下创设的首个大型图书馆，位于江西瑞金，白天和夜晚均对外开放，借书期限为两周，借书手续简便，支持邮寄借阅，符合革命战争时期的需求。1937年，延安中山图书馆在党中央的直接支持下成立，是延安最大的图书馆，重视向抗日前线士兵提供书籍以鼓舞士气。中华业余图书馆改编自"蚂蚁图书馆"，秉承"一切为读者"的原则，推广邮寄借阅和集体借阅，简化借阅手续，提高了书籍的流通率。此外，该图书馆不断加强与读者的联系，举办各类学术讲座，邀请知名人士如郭沫若、周建人、叶圣陶等演讲，吸引了更多读者前来阅读。

上海申报流通图书馆在李公朴的领导下创新多种图书外借和读者辅导方式，包括团体借书、邮递借书、流动书车送书上门等服务。此外，图书馆成立了"读书指导部"，负责书刊审查、读者咨询、借阅指导、书目编制等工作。在《申报》上开设了"读者问题"专栏，由夏征农、艾思奇、柳提等人轮流回答读者关心的问题，取得了社会上广泛的影响。

3.新中国图书馆读者工作的发展

自新中国成立以来，我国图书馆事业蓬勃发展，图书馆数量大幅增加，图书馆网络不断扩展完善。图书馆干部队伍规模庞大，经过培训和成长，图书馆的科研工作初步建立了科学体系，取得了显著进步，尤其在技术改造和迈向现代化方面取得了长足的发展。

为了促进读者服务，图书馆采用了多种方法吸引读者到馆，例如设置图书流通站和实行巡回借书等举措。这些措施逐步完善并构建了一整套为读者提供服务的工作方法，使得读者能够更加便利地利用图书馆资源，为知识传播和文化交流提供了更为便捷的途径。

21 世纪，科技、产业和知识经济的迅速发展催生了计算机、信息和网络技术的蓬勃发展，对人类社会带来深远影响。这些技术变革在图书馆中的体现表现为对文献信息管理、服务手段、信息利用等方面产生重大影响，挑战着图书馆的读者工作。现代化的信息技术和网络技术将广泛应用于图书馆的读者服务，以更深入、全面地利用各种文献信息资源，为用户提供更便捷、更全面的信息服务。这将促进文献信息转化为新知识、新思想、新技术和新方法，为新的生产力和先进的文化作出贡献。同时，这一努力也将提升读者的科学文化水平和知识技能，全面提高图书馆工作的社会价值。

近年来，各类图书馆致力于优化服务，纷纷推出一系列创新服务项目。这些项目着重强调科技书刊的借阅服务，重视预约借书机制，提供馆际互借服务。此外，图书馆还设立了专用阅览室和检索室，举办专题书刊展览、讲座及报告会等活动，以满足读者多元化需求。

此外，也加强了针对重点项目的服务，推出了代查、代译、代借等服务。这些措施旨在满足读者对图书馆服务多样性的需求，同时也与科研生产相协调，为社会主义科学文化教育事业作出了贡献，充分展示了图书馆在社会主义建设中的重要地位和作用。

第二节 公共图书馆读者队伍

一、公共图书馆读者队伍构成

公共图书馆的读者队伍结构指的是由各种不同类型和数量的读者群组成的有机组织体系。这个结构考虑了读者的自然特征，比如年龄、性别等，以及社会特征，例如文化水平、职业和民族等因素。了解读者队伍的构成有助于掌握读者队伍的现状和发展趋势，为提供更好的读者服务提供可靠的依据。

（一）读者类型研究

1.读者及图书馆读者

读者阶层有广义、狭义之分，广义指具有阅读能力并从事阅读活动的人；狭义指具有一定阅读能力并通过图书馆使用文献信息的社会成员。数字图书馆中，读者既是具体图书馆的读者，也是网络化图书馆的读者，可利用单个或多个图书馆的资源。公共图书馆读者包括利用文献资源阅读的人，以及利用目录、建筑设备与环境等图书馆资源汲取信息的人。

2.公共图书馆读者类型

读者类型是公共图书馆基本构成因素，不同类型的读者群具有各自特征，形成于社会经历与生活。这些特征体现为文献需求和阅读行为。研究读者需求规律需将复杂结构的读者队伍按标准区分和组织。

（1）根据读者的职业背景，可以划分为工人、农民、军人、教师、科技工作者、学生、公务员以及退休人员等类别。

（2）按照年龄层次，可以将读者划分为少儿、青年、中年和老年等不同群体。

（3）根据读者的借阅权限，可以分为正式读者、临时读者、外地读者以及国外读者等类型。

（4）根据借阅方式的不同，可以分为个人读者、集体读者和单位读者等。

（5）根据借阅目的，可以将读者分为研究型、学习型、解疑型和娱乐型等不同类型。

（6）根据服务对象的重要程度，可以分为重点读者和一般读者。

（7）根据读者的文化层次，可以划分为专家学者、高层次人才、中等层次人才以及低层次人才等不同类别。

（二）公共图书馆读者的要素

1.阅读能力

阅读能力是社会中每个人必备的素养，它不仅涵盖了文字识别、文化积累和理解能力，更重要的是，它使人们有能力接触和理解科学文化知识，促进了有效的交流与沟通。因此，作为一个读者，具备良好的阅读能力是至关重要的，它是我们参与知识社会、发展个人智识的基石。

2.知识需求

知识需求是成为读者的重要前提之一。只有当个体拥有强烈的求知欲望和渴望阅读的愿望时，才会自发地去寻找满足自身需求的书籍和信息，并积极踏上阅读之路。因此，知识需求在塑造社会成员成为读者的过程中扮演着至关重要的角色。

3.阅读行为

读者的显著标志在于对特定文献的阅读，这是识别读者和非读者的关键标识。阅读行为是读者内在意识和外部环境互动的结果。在读者自我意识中，阅读能力是基础，知识需求是核心和主导因素，而实际的阅读行为是关键。这三个要素的共同作用构成了成为读者的必要条件，缺一不可。因此，真正的读者总是积极参与阅读活动，这个行为让个体从普通社会成员转变为读者，成为读者身份的象征。

综上所述，读者是文献的使用者，文献的价值必须通过读者的阅读才能得以体现。阅读使人获得信息，这促进了人类文化的传承、传播和创新。在阅读过程中，读者有着独特的心理活动，这取决于个人的教育水平、阅读动机、目的以及周围社会环境的各种制约和影响。

二、公共图书馆读者需求

（一）社会型读者需求

公共图书馆的读者来自社会各个阶层，代表着不同层次的文献需求。满足读者的文献需求是现代图书馆读者服务的核心目标。图书馆资源得到充分利用时，将更有效地发挥图书馆在社会中的作用。社会型读者需求指的是在特定历史时期或地理区域内出现的具有社会共同阅读倾向的读者群体。这种需求的特点是文献数量大、时间集中、针对性强。随着时间推移，这种需求也呈现出不断变化的趋势，有的向纵深发展，有的向横向扩展，还有的转向新的需求内容。社会型读者需求并非孤立存在，通常不是由个人主观因素所致，而是一种普遍存在的社会现象或客观发展趋势。它不仅存在于社会变革的不同时期，也贯穿于经济建设的各个阶段。

在某些时期，受政治、经济、教育、文化和艺术等多方面因素的影响，不同职业、文化程度和兴趣爱好的读者群体可能会集中共同阅读相关文献，以适应当时社会的发展需要或受到特定社会思潮的影响。这种社会共同需求具有鲜明的时代特征和流行趋势。例如，在 20 世纪 70 年代恢复高考后，社会出现了普遍的"读书热"现象，许多青年投入学习，图书馆成为他们学习和阅读的主要场所。类似地，在各类大事件后，了解相关内容的文献成为读者的热门选择。当莫言在 2012 年获得诺贝尔文学奖后，他的作品受到广泛关注，图书馆中与他相关的书籍迅速被借出。这种社会型阅读需求具有明显的阶段性，随着时间的推移，供需矛盾会逐渐得到缓解和平衡。

随着社会的不断发展，新的潮流和热点将引导读者对文献需求的转变。在图书馆读者服务的实践中，不同阶段出现的学政治、学科学、学经济、学技术、学外语、学文艺等阶段性热潮，不仅反映了时代特征，也呈现了读者自身多样化的发展特点。作为图书馆工作者，需要具备敏锐的洞察力和科学的态度。要定期关注国内外重大事件和社会趋势，善于预测未来读者的需求，并科学分析这种需求的性质、规模、强度和出现时间。这样可以采取有效措施来应对新的变化，科学预测书刊的实际需求和长远趋势，正确分析形势，做好读者需求的预测。根据预测结果制定书刊采购计划，以更好地满足图书馆读者的需求。

（二）研究型读者需求

研究型读者分为专业型和学习型，指的是从事教学、科研以及其他各种业务技术工作的读者。他们在社会中分布广泛，对文献的需求多种多样。尽管研究型读者在公共图书馆中所占比例相对较少，只有五分之一，但他们是非常重要的服务对象。这个群体主要包括工厂、矿山、企业和事业单位中的研究人员和工程技术人员。

研究型读者是教学和科研领域的重要从业者，他们的高水平阅读需求要求图书馆提供快速准确的文献服务。为满足他们广泛而深入的研究课题需求，图书馆需要不断更新收藏，深入了解出版动态，开发新的搜索渠道，以更好地支持他们的工作，帮助节省时间并提高研究成果。

研究型读者在科研过程中重视文献检索，拥有独立选择和获取文献的能力，并愿意花费时间自行查找资料。他们把文献检索作为科研不可或缺的一部分，因工作需要，可能在图书馆花费长时间进行资料检索。除了基础的借阅服务，图书馆还要提供更高级的服务，如定题、查新、文献调研、科技文献通报等，以支持研究型读者的科研工作，满足其对文献资料的需求。图书馆的读者服务工作中，为研究型读者提供服务是非常重要的组成部分。

每个图书馆都应主动为重点单位、课题、项目的研究工作提供服务，积极收集、整理、提供所需的文献信息，力求以广泛、快速、精准的方式服务读者。有必要时，图书馆可以与相关单位和课题负责人签订合作协议，派遣员工参与文献信息的调研工作，并负责收集、整理和提供所需文献信息，同时对合作课题进行跟踪服务，以满足其需求。

学习型读者是公共图书馆的一部分，包括自学考试的学生、有学习需求的青年以及企事业单位的在职人员。他们的阅读目的是提升科学文化知识水平、专业技能和个人能力。这些读者具有明确的阅读目标和系统的学习计划，按照阶段有计划地进行阅读，旨在专业学习、文化考核以及推动技术革新等。

学习型读者将公共图书馆视为主要学习场所，按照自身学习计划选择借阅教科书和参考书籍。他们需要的书籍内容具有高度专业性和系统性，贴合自主学习进度，以教科书为主。工矿企业实行科学管理，提升职工文化和技术水平的培训需求增加。这些读者的需求相对具体明确，尤其是成人教育学生和技术培训人员，他们所需的书刊资料紧密关联于所学专业。

学习型读者正处于知识学习的过程中，需要逐步扩展和深化知识。因此，图书馆在提供图书资料时需谨慎选择，避免提供过于专业或难度超出他们能力范围的内容，同时也不要提供低于他们知识水平的资料，以确保他们能够顺利推进学习。

（三）欣赏型读者需求

欣赏型读者在公共图书馆中占据主要人数，由于职业、年龄、文化程度等差异，他们的兴趣和阅读需求各异。每个读者的阅读需求由个人兴趣和实际需要决定。有些人借阅书籍是为了更深入地理解文学作品及其作者，另一些人则希望解决日常生活问题，还有人在紧张的工作学习之余寻求放松。文学作品的借阅量较大，占据总借阅量的一大部分，因为文学作品本身具有吸引力，能够展现丰富的社会画面和人们多样的精神世界。

文艺作品可以为读者带来艺术美的享受和深刻的心灵震撼，优秀作品能潜移默化地激励人们向上发展。公共图书馆有责任引导读者阅读健康、优秀的文艺作品。大多数公共图书馆的读者在业余时间和公休假日会来借阅图书和阅览报刊。由于时间限制，许多读者更倾向于外借书籍，而在馆内阅览则是辅助形式。图书馆可以通过提供咨询辅导、目录指南、流通服务、阅读指导等活动来促进这一类型读者的健康发展。

（四）业余型读者需求

业余型读者需求指的是在工作或学习之余，根据个人兴趣爱好阅读文献的需求。这种需求受到社会、家庭、职业等客观因素和个性心理因素的影响。由于读者的兴趣爱好差异，文献内容需求也各不相同，表现出广泛和多样的特点。不同的需求反映了读者对文献内容选择和适应能力的多样性。为了满足这种多样化需求，图书馆工作人员需要尽力提供服务，满足读者的合理需求，协助他们形成稳定的业余兴趣爱好，同时，还需要有目的地帮助读者逐步培养和发展良好的兴趣爱好。

公共图书馆在面对各类读者，如社会型、专业型、研究型和业余型读者时，不仅要积极地收集、整理并提供所需的文献资料，还应关心读者在政治、思想和专业领域等方面的需求，为其提供支持与帮助，让每位读者都能在图书馆获得温馨亲切的体验，仿佛置身于家一般的舒适感。

三、公共图书馆读者的阅读心理

心理学是研究人类心理现象及其规律的科学。读者心理学则专注于研究人们在阅读过程中的心理反应和行为。阅读是一种独特的社会精神活动，能够帮助人们获取知识，提高能力，并改变对世界的认知。阅读心理研究侧重于探究阅读行为的心理方面，包括为何阅读、阅读什么以及如何阅读等问题，旨在揭示阅读行为和心理现象的普遍特征。特别关注读者在图书馆借阅活动中的表现，以此来研究和揭示读者在特定环境下的各种心理活动和行为。

公共图书馆的读者服务工作是各项业务工作的核心。为了提升服务水平和质量，必须深入了解读者的阅读心理。通过运用心理学知识对读者的阅读心理进行科学分析和研究，系统区分不同类型的读者，并采取有效的应对措施，以此来提高读者服务工作的质量。

（一）不同年龄层次读者的阅读心理特点及服务措施

1.少儿读者的阅读心理及服务措施

（1）阅读心理

①少年儿童常常对现实和自然充满着想象和幻想，他们倾向用自己的想象解释不理解的事物。因此，少儿读物必须富有想象力，汇集现代知识和信息，并激发创造性。这些读物不仅给予儿童强烈的娱乐感，还为他们提供想象空间，以激发创造性。

②少年儿童常喜欢玩追逐、嬉戏、模仿大人的行为，有时还会搞恶作剧，这展示了他们的游戏和娱乐心理。他们对于沉闷、严肃的读物不感兴趣，更

倾向于富有幽默感、内容多彩丰富的读物。

③少年儿童对英雄人物有着向往和崇拜的心理。对英雄的仰慕和崇敬代表了一种高尚的心理状态，能够通过对英雄人物的了解和熟悉来提高人的精神境界，洁净心灵。少年儿童正处于知识学习的阶段，他们对英雄的崇拜心理甚至超过了成年人。

④少年儿童常表现出强烈的参与欲望和好胜心理，他们渴望参与各种活动，甚至在阅读书籍时也喜欢将自己想象成主人公。这种参与的渴望是儿童天生的特性。因此，少儿读物应尽可能让小读者有身临其境的感受，满足他们的参与愿望。

（2）服务措施

①少年儿童具备好奇心、活跃性和竞争心，在选择图书时更偏向于新颖、生动、有趣的内容，如新奇的中长篇小说、科普读物和奇闻怪事等。他们更喜欢能与自己相关并产生共鸣的读物。一些图书馆通过建立"绿色网站"，引导儿童健康地使用在线资源，并组织各种智力游戏活动，取得了家长和孩子们的一致好评。

②一旦少年儿童对阅读产生了初步兴趣，馆员、教师和家长就需要对他们进行阅读指导，帮助他们培养正确的阅读习惯和方法。通过举办各类活动如"读书报告会""诗歌朗诵会""文学名著读后感"以及征文比赛等，可以培养儿童独立思考的能力，从而提高他们的阅读兴趣和能力。

③当少年儿童在获得指导后，掌握了阅读的技巧，不仅愿意阅读，而且有所收获时，他们的阅读热情被激发出来。这时，图书馆需要及时向他们推荐一些内容健康、难度适中、有趣味性的读物，以继续激发他们对阅读的兴趣。

④公共图书馆能够通过多种形式的阅读活动，丰富多样地开展对少年儿童的思想品德、爱国主义以及科普知识等方面的教育。这些活动的目的是提高少年儿童的阅读能力和独立学习能力，同时以各种主题活动激发儿童的爱国热情，扩展他们的课外知识。

2.中年读者的阅读心理及服务措施

（1）阅读心理

①应用型心理。中年读者通常在工作中拥有丰富经验，具备较强的问题分析与解决能力，在单位中承担着重要的管理职责。他们的阅读偏向专业应用技术方面的书籍和资料，同时也涉及一部分管理学相关的书籍。

②扩充知识型心理。一些中年读者的知识水平已经滞后于社会高速发展的需求。除了专注于本专业知识之外，他们也需要获取其他专业和边缘学科的知识，拓展知识面，增长见闻，丰富自我，以适应社会的不断变化。

③研究型心理。中年读者随着经验的积累，其知识、经验和判断力决定着他们的阅读方向和兴趣。他们对阅读的要求更加具体、专业、全面、系统化，注重阅读的计划性和专业性。他们主要关注科学领域的最新成果，这种阅读需求代表了高水平和高层次的阅读目标。

（2）服务措施

①中年读者出于提升工作质量的需求，迫切希望获得全面系统的专业知识。公共图书馆有能力为他们准备丰富多样、最新版本的与工作相关的图书资料，同时还可设置专题文献区和个人研究室。此外，建立与企业的联系，定期了解其需求，为他们提供最新的书刊资料，甚至直接送到基层，是一种有效的服务方式。

②针对研究型读者，公共图书馆需要提供宽敞的阅览空间，并积极编制各种专题论文索引。此外，还应提供专题电子剪报、信息推送、命题跟踪、定题服务、代检代查、知识导航、科技查新、个性化信息服务等，以帮助缩短他们查找资料所需的时间。

③公共图书馆可根据中年读者的生活经历提供更多样化的服务。中年读者在业余时间更倾向于阅读真实事件和场景记录的书籍，因此图书馆可以准备人物传记、游历笔记、回忆录、目击记、地理勘察录、探险记等类型的书籍来满足其需求。此外，定期举办文学作坊、文学论坛、文学沙龙等活动，这些活动在许多图书馆中已广泛实施，并受到中年读者的喜爱。

3.老年读者的阅读心理及服务措施

（1）阅读心理

①习惯性心理。许多老年人在未退休之前就热爱阅读书籍和报刊，尤其关注政治时事或社会生活。公共图书馆以其藏书丰富、宽敞明亮、环境相对安静，成为老年人保持阅读习惯的理想场所。老年读者通常会固定阅读自己感兴趣的几个领域的报刊，而且有固定的阅读时间，这表现出了他们的习惯性心理。因此，图书馆可以根据这一特点开展一些特殊服务，如设置老人专座等，以更好地满足老年读者的需求。

②渴望得到尊重的心理。年长者希望获得社会尤其是年轻人的理解和尊重。图书馆工作人员应特别尊重老年读者，提供周到热情的服务，使他们感到亲切和友善，营造一种宾至如归的体验。

③社会交往的心理。许多老年人在离开工作后经常感到孤独与寂寞，他们渴望社交与交流，渴望参与社会生活，结交新朋友。公共图书馆作为公益文化机构，能够满足老年人的这种心理需求，成为老年读者相互交流的聚集地，促进他们与社会的联系。

（2）服务措施

①随着中国社会步入老龄化阶段，关注老年事业已成为建设和谐社会的重要任务。公共图书馆作为老年人学习、信息交流的重要场所，在老年人持续学习、丰富精神和享受晚年生活中扮演着重要角色。因此，图书馆应当承担起社会责任，积极关怀老年人事务，提供更多更优质的服务。

②为了更好地服务老年读者，图书馆在服务设施和服务方式上做出了具体安排。除了提供笔记用纸、笔、热水、眼镜等便利设施外，还针对老年人的特点和兴趣，举办书法、绘画、花卉等讲座和展览，为他们丰富文化生活。根据老年读者的特点和阅读需求，采取不同的服务方式，让每一位老年读者都感到喜爱图书馆，乐意前来阅读。

③公共图书馆与社会老年组织合作，为老年人提供各种形式的服务活动。这种紧密合作让图书馆能够联系到老干部、老工人、老知识分子等群体，共同组织举办各类活动，包括免费的电脑学习讲座等，以满足老年人对新知识、新事物的需求，丰富他们的生活。这也是图书馆为社会服务的重要举措之一，

同时也是对业务活动的重要补充和延伸。

（二）公共图书馆读者的普遍阅读心理

公共图书馆的服务理念与读者自身的水平、素质和需求密切相关。在图书馆服务中，涵盖了不同年龄、性别、职业的读者，不同的读者在图书馆中具有不同的心理状态。

1.依赖心理

研究表明，许多公共图书馆的读者存在借阅行为随意和盲目的倾向。他们经常在图书馆中感到迷茫，无法有效利用丰富的馆藏资源。这些读者倾向于依赖图书馆工作人员，而图书馆的推荐服务质量则是评价图书馆对读者重视程度的重要指标。

2.求全心理

公共图书馆的馆藏特征大致相同，但图书分类和架构可能因地域不同而有所差异。专业主题资源需求者在公共图书馆寻找特定主题的信息资源时，需要获取全面系统的图书信息，并在检索过程中力求尽可能翔实和全面。

3.求快心理

现代社会中，读者面临着忙碌的职业生活，需要图书馆提供高效解决学术和工作问题的服务。他们期望图书馆能够迅速响应借阅、咨询等需求，解决他们在学习和工作中遇到的难题，以满足他们的需求和期待。因此，图书馆需要不断优化服务，更加贴近读者的实际需求，提供更加高效、个性化的支持。

4.满意心理

满意度对读者而言是一个主观的评价，通常基于图书馆工作人员的态度和服务的响应速度等因素。绝大多数读者在图书馆的访问中，不仅仅是为了获取所需信息，还希望在那里感受到一种文化氛围和高水准的服务。他们追求心理上的满足感，希望在繁忙的学习和工作之余得到愉悦和支持。因此，图书馆除了提供信息资源外，也应努力营造令人愉悦和满意的服务体验，以满足读者的需求和期待。

5.求准心理

职业和专业读者对信息的需求极为挑剔，并对信息的及时性有着迫切要求。因此，公共图书馆在提供参考咨询和文献传送服务时，努力追求准确、全面且迅速的效果。他们积极应对读者的急迫心态，力求在最短的时间内提供最精准和详尽的信息支持，以满足职业和专业读者在工作、研究等领域的迅速需求。

6.求简心理

绝大多数读者习惯传统的阅读方式，因此他们更倾向于图书馆提供便捷的服务，如借阅和科技查新等。然而，有时为了满足他们的需求，读者需要在图书馆办理一些特定的手续。因此，他们期待图书馆能简化这些手续，以节省办事时间，使借阅和查询过程更加高效和便利。简化业务流程有助于提高读者的满意度，并增强他们对图书馆服务的积极评价。

7.疑虑心理

读者踏入图书馆时通常会感到一些困惑，因为他们可能不熟悉图书的分类和图书馆的结构。在表达需求时，他们可能会怀有一些疑虑，担心图书馆没有所需资料，或者担忧图书馆馆员是否会不负责任。因此，读者渴望得到图书馆工作人员的解释和帮助，以解决他们的疑虑并为其提供指导，使他们更轻松地利用图书馆资源。提供友好且耐心的服务有助于消除读者的疑虑，增强他们对图书馆的信任和满意度。

综上所述，作为公共图书馆的工作人员，理解读者的阅读心理和目的对于提供最合适、最全面的服务至关重要。只有深入了解读者的需求，才能真正满足他们的期望，实现"为书找人，为人找书"的服务理念。因此，持续加强对读者阅读心理的研究，不断提升服务质量，是每一位图书馆工作者不懈追求的目标。只有通过深入了解和持续努力，图书馆才能更好地满足读者的多样化需求，为他们提供更加优质和贴心的服务体验。

第三节　公共图书馆读者教育与培训

一、公共图书馆教育职能的形成和发展

公共图书馆的教育职能与图书馆历史密不可分。在中国古代，图书馆主要为学校教育提供文献资料。古代的书院是典型代表，它们不仅是培养人才的场所，也承载了文献藏书的功能。图书馆与学校教育之间的紧密联系是社会教育体系形成的基本要素之一。公共图书馆作为教育资源的提供者，在历史长河中一直扮演着为学校教育提供文献支持的重要角色，为社会教育系统的形成发挥了不可或缺的作用。

将图书馆视作教育机构和社会教育场所是在传统图书馆形态确立后逐渐形成的理念。特别是公共图书馆的出现，将图书馆的教育功能从辅助学校教育拓展至实施社会教育，这是一次重大的变革。近代公共图书馆运动实际上是社会教育机构图书馆发展的一部分。在英国公共图书馆运动中，爱德华兹被誉为"英国公共图书馆之父"，他发现早期公共图书馆的读者主要来自工人阶级和社会下层。这表明公共图书馆的兴起是在当时社会教育历史浪潮的推动下形成的，与工业发展需要一批具备一定文化和生产技能的劳动者的时代要求密切相关。

随着无产阶级革命运动的兴起，图书馆作为提升人民科学文化素质、激发工人阶级觉悟的关键工具备受无产阶级革命领袖的高度关注。李大钊等中国无产阶级革命领袖强调了图书馆的社会教育职能，将其视为教育机构而非单纯的文献藏书机构。列宁在《列宁论图书馆工作》中指出，图书馆在文化教育中具有全国普及的重要性，是社会主义教育的支柱。他认为图书馆和农村图书馆将长期成为对群众进行政治教育的主要场所。这些领袖们的看法表明，图书馆在社会教育中扮演着关键的角色，是提升人民素质、启发意识形态、进行政治教育的重要场所。

在现代社会，图书馆的社会教育功能日益强化。随着科学事业的迅猛发

展，人们意识到持续学习、不断更新知识是适应时代需要的关键。自主学习成为重要手段，而图书馆丰富的资源成为知识更新的重要来源。作为促进社会自主学习的组织者和场所，图书馆在现代社会中呈现出全新的意义和作用。它不仅是知识的仓库，更是鼓励个人发展、不断学习和适应变化的重要支持者。通过提供丰富资源和舒适环境，图书馆成为人们自我学习的理想场所，为持续学习和知识更新提供了有力支持。

二、我国公共图书馆读者教育的现状

（一）从读者角度来看，图书馆对读者教育认识不够，读者工作有待加强

公共图书馆在追求内部管理效率时，却忽略了对服务对象的需求。尽管政府投入大量资源建设图书馆，但遗憾的是，图书馆的发展却受限。这体现在读者到馆率和文献利用率下降的现象上。造成这一困境的原因在于图书馆经费紧张，难以购买更新更好的图书来满足读者需求，同时也存在着图书馆未能充分宣传自身，未能吸引更多潜在读者成为实际读者的问题。要解决这一困境，需要更多关注服务对象的需求，加大对图书馆的经费支持，并通过更有效的宣传吸引更多读者利用图书馆提供的服务。图书馆界内部普遍认为最具学术性、业务性的分类、编目等工作是公众理解最困难的部分。在图书馆的借阅部门，临时员工和学历较低的工作人员比例较高，这反映了对读者服务工作的误解，即认为这些工作不需要深厚的知识基础，对读者教育的价值也持怀疑态度。在中国的图书馆界，对读者教育工作在服务读者和图书馆事业发展中的重要性并未得到充分认识和重视。

（二）从图书馆角度来看，读者图书馆意识淡薄，大多数公众缺乏对图书馆的了解

图书馆意识包含对图书馆的认知、态度和价值取向，分为认识、了解和利用三个层次。尽管当代社会强调信息化和知识获取，但大多数读者对图书馆仍持被动态度。他们通常在需要解决问题、查阅资料时才会被动地前往图

书馆，缺乏主动获取知识的愿望。这种被动态度导致他们对图书馆的基本职能和运作流程了解不足，也缺乏愿意主动了解的动力。这种现象普遍存在，表明读者对图书馆缺乏基本的了解，交流渠道不畅通，也凸显了图书馆读者教育的不足。

（三）读者利用图书馆的能力低

随着科技的迅速发展，电子资源已经成为各类图书馆馆藏文献的重要组成部分。然而，要更好地利用这些资源，读者需要具备使用计算机和图书馆检索功能的技能。尽管如此，大多数读者仍然局限于使用纸质图书，导致公共图书馆的电子资源利用率非常低。此外，公共图书馆还定期举办各种活动，如展览、培训和讲座，但很少有人积极参与，这使得这些活动未能达到预期的效果。

（四）读者利用图书馆道德欠缺

作为向公众开放的场所，图书馆期望读者能遵守良好的用馆道德，遵循规章制度，创造宁静舒适的阅读环境。然而，现实中存在着许多读者缺乏公德意识的问题。他们可能在图书馆内随地吐痰、抽烟、乱丢垃圾、大声喧哗或奔跑。此外，一些读者也没有正确使用和爱护文献资料的良好习惯，例如未正确使用代书板、乱放书籍等。在阅览室和借书处，一些读者会随意摆放图书，甚至损坏或盗窃书刊。这些行为影响了其他读者的体验，也损害了图书馆资源的使用和维护。

三、读者教育的方式

（一）读者教育实施步骤

要实施有效的读者教育，关键在于深入调查研究，了解读者最迫切需要的教育内容，并且清晰地确定其重要性和优先级。此外，需考虑读者的经济和文化能力，确定最佳的教育时间安排，逐步、分阶段地实施渐进式教育，从简单到复杂，由低级向高级渗透，以更好地满足读者的学习需求。

首先，辅助教育的主要目标是帮助知识群体掌握图书馆的使用技巧和运作方式。这项工作包括引导他们了解图书馆的内部结构、藏书安排、地点、组织机构和服务方式，熟悉现代化设备，如计算机服务、网络连接和软件系统；让他们熟悉图书馆的借阅规则和制度，学会利用各种工具书，了解服务范围以及复印、复制的费用标准；同时，指导他们如何运用计算机，并学会预防计算机病毒。这些举措旨在使知识群体更有效地利用图书馆资源，提升他们获取信息和知识的能力。

其次，被动教育是图书馆主动开展的教育形式，根据社会发展需要和读者的素质特点实施。在这种教育中，读者主要是被动接受知识和信息。除了辅助教育，被动教育还涵盖提高科学文化素质、开设各类学习班（如大专班、中专班、成人函授班等）、培养就业技能、促进精神文明、学习先进典范、抵制不良风气，以及了解国内外形势等方面的教育内容。这些措施旨在提高中低文化层次群体的综合素质和适应社会发展的能力。

（二）读者教育的方法

公共图书馆在进行读者教育时，教学方法需要综合一般教学方法的特点，并突显适用于读者教育的个性特色。针对图书馆自身条件，应有目的地展开活动，以系统性与针对性相结合，建立完善的教学体系。

1.授课法

在图书馆读者教育中，授课法作为主要教学模式，利用听觉和视觉的双重效应传递知识，取得了良好的教学效果。这种方法能够帮助读者快速、系统地掌握图书情报知识和提升文献信息检索技能，实现教育计划的基本目标。

尽管授课法是重要的读者教育方式，但它作为一种被动的方式，不能充分培养读者的感性认知和动手能力。特别是在"文献检索与利用"等课程中，单纯采用授课法难以实现预期目标。因此，需要结合其他教学方法，重点指导读者亲自实践文献检索和应用，以取得更为显著的效果。

2.举办讲座

近年来，各级各类图书馆举办各种讲座已成为重要的读者服务内容，成为图书馆吸引读者、加强服务的关键方式。这些讲座的举办使得服务由传统的平面式转变为立体式，从无声服务升级为多媒体服务，通过创新形式、丰富内容和拓宽服务领域，提供了重要的公益文化知识传播、社会教育和交流的平台以及树立良好公众形象的途径。因地制宜开展特色服务，让讲座更贴近民众，深入人心，已经在多个图书馆成为当地的知名服务品牌和文化亮点。

3.个别辅导

个别辅导作为最早采用的图书馆教育方式，能及时解决个别读者在利用图书馆过程中遇到的问题，具有一定针对性。然而，这种形式的不足在于它缺乏系统性，无法帮助读者获得全面完整的知识体系。

4.群体参观

群体参观针对图书馆的新读者群，目的是使他们迅速熟悉图书馆的环境、文献分布、目录设置、服务项目和规章制度等。在参观过程中，读者有机会认识图书馆工作人员，促使他们主动向工作人员寻求帮助。但是，这种形式更注重让读者感受图书馆，不太适合详细介绍读者教育内容，也难以解决个人遇到的特定问题。

5.视听法

视听法是利用幻灯、电影、录像和录音等视听教材进行读者培训的方法。它依赖于人体感觉，如视觉和听觉等，使学习更为直观深刻。相对于纯讲授，这种方法更能给人留下深刻的印象。视听教材可重复使用，更好地迎合读者的个别差异和不同水平需求。由于教材内容更接近真实情况，因此有助于受训者通过感官感知更好地理解所学内容。

6.资料法

印发资料是一种书面教育形式，适用于未参加培训的读者，也可用作参观图书馆或讲座的补充。内容可以灵活调整，但其广泛适用性使其无法考虑读者的个体差异。这种教育形式需要读者主动和良好的阅读能力，容易因读者因素或资料设计不当而无法达到预期效果。

7.利用 Internet 多媒体

自 20 世纪 90 年代以来，新的信息技术、网络和电子出版物大量涌现，传统的书本式教学已不足以满足读者掌握信息知识的需求。图书馆读者教育需要全面覆盖网络、通信、数据库检索等方面的知识，以帮助读者获得信息获取与利用的能力。当前的读者教育需要及时更新教学内容，以跟上时代发展的步伐。

图书馆读者教育可以通过互联网获取最新的学科研究动态，补充并更新教学内容。现今互联网上的信息检索工具多种多样，方便读者及时获得所需信息。不仅如此，许多传统工具书和参考资料也有了网络版，可以填补现场讲授的不足。应用网络版进行图书馆读者教育可以让读者学会检索方法，了解国内外工具书的最新进展。通过检索词条，读者能更好地掌握文献工具书和电子文献的知识，为未来的学习提供更好的基础。

四、公共图书馆读者导读

（一）读者导读的概念

沈继武在《藏书建设与读者工作》中强调了指导阅读的重要性。他指出，指导阅读需要建立在深入了解读者及其阅读需求的基础之上，积极参与读者的阅读活动，并影响他们的阅读选择，以帮助他们正确理解文献内容，学会有效利用图书馆资源。《图书馆学基础》和周文骏的论述呈现了对阅读辅导与导读工作的不同见解。《图书馆学基础》将阅读辅导划分为多个方面，包括图书馆利用技巧、目录、工具书、二次文献应用以及阅读指导。相比之下，周文骏强调阅读辅导作为图书馆中最富有生机和活力的活动，主要通过出版物来达到宣传教育的目的。导读工作被看作辅导阅读和指导阅读的综合，作为读者工作的关键组成部分，它在精神、行为和技能层面积极介入并服务读者的阅读行为。导读工作的实施需要充分了解读者真实的阅读需求，并需要图书馆馆员具备良好的业务素质。

（二）读者导读的内容

图书馆的导读工作是现代图书馆服务的重要组成部分，尤其在信息时代。它不仅仅是帮助读者找到所需信息的过程，更是促进读者与信息资源的深度互动，从而扩展图书馆的教育和情报职能。因此，导读工作的开展不仅为读者提供了更好的服务体验，也对图书馆的职能发展具有重要意义。

导读工作作为图书馆重要的读者服务方式，内容丰富多样。深入探索和研究导读工作的基本内容对全面、多角度地开展导读服务至关重要。目前，图书馆的导读工作主要涵盖若干关键方面。

1.对读者的阅读目的、阅读内容予以指导

对年轻读者而言，阅读导向和导正工作至关重要。尽管他们具备思维敏捷、求知欲旺盛的特点，但因缺乏广泛的生活阅历和文化底蕴，他们的阅读往往缺乏系统性和科学性。许多年轻读者在阅读时存在误解，认为任何阅读书籍都具有益处。因此，图书馆应当重视引导年轻读者进行正确的阅读导向和导正工作，采用吸引他们兴趣的形式和方式，帮助他们树立正确的阅读观念，提升阅读鉴赏能力和素养，以及有效提高阅读效率。

2.激发读者的阅读兴趣，引导读者潜在的阅读积极性

图书馆导读工作不仅仅是指引读者找到书籍，更重要的是激发其对阅读的兴趣和主动性。要达到良好的阅读效果，需要引导读者从仅仅追求娱乐和刺激转向对知识、修养和研究的追求。通过举办教授讲座、书评活动、书展，以及针对特定主题的知识竞赛等方式，图书馆可以有效激发读者的阅读兴趣，提升其阅读水平和效果。

3.读者教育工作

在图书馆资源有限的情况下，进行读者教育在导读工作中变得极为重要。这种教育可以让读者学会获取和运用信息的技能，提升他们的信息意识和信息检索能力，进而兼顾图书馆的教育和情报服务功能。强化情报意识和检索技能对于未来的领导者和科技发展的接班人至关重要，因此，公共图书馆应当在导读工作中更加注重这些方面的培养和指导。

4.导读宣传工作

导读宣传是图书馆导读工作中至关重要的一环。在进行宣传时，必须考虑读者的不同年龄段、特点以及可能的科研需求，同时关注读者在使用图书馆资源时可能遇到的疑难问题，以便有针对性地开展宣传工作。这种精准的宣传能够更好地引导读者，使其更有效地利用图书馆的资源和服务。

（三）读者导读的方法

高效的导读工作不仅在于馆员能快速提供所需文献，更在于读者通过这一过程提升了阅读效率。导读工作的展开方式不仅仅包括传统的口头指导、宣传、书评和读书会，还应采用专家讲座、阅读讲座、文艺作品鉴赏等多种形式。利用现代科技手段如声音、图像、网上信息等辅助工具，能够推动导读工作更深入地发展，不仅有助于加深读者对信息的理解，也能增强记忆力，并激发创造力。

随着网络发展，传统的图书馆读者导读已不适应现代情报信息传递的需求。图书馆需要转变服务机制，创新发展，从根本上提升导读服务的功能。引入现代网络技术和数字技术是关键，可以通过网络导读和信息导航等方式充分展示图书馆的文献和信息资源，以更好地服务读者。

1.定期对新读者进行入馆教育

为新读者定期安排教育内容是重要的，这有助于他们全面了解图书馆的各项功能。通过专门的授课、讲座等方式介绍图书馆的结构、馆藏范围、借阅规定等内容，能够提高新读者的阅读兴趣，使图书馆成为他们增长知识和才能的重要学习场所。

2.新书宣传与导读服务

为了提升读者的阅读质量，图书馆可以通过新书报导栏、专题书目推荐栏、热点图书评介栏或者办导读小报等方式向读者介绍最新图书出版动态，让他们了解馆藏书籍的最新情况，并为其选择阅读材料提供指导。重点培养读者的信息意识和文献信息利用技能，提供更深层次的信息服务和交流，鼓励自主学习和发展。协助读者辨别文献内容的真实性、优劣，并提升他们的阅读品味。

3.普及检索方法

为了提高读者的信息获取能力，图书馆应该指导他们掌握常用检索工具的方法和技巧。这样的指导让读者能够通过手工和计算机检索方式，获取文献、数据、事实、全文、图像等多种信息资源。这种能力有助于读者快速、准确、全面地检索到图书馆馆藏的文献，提升其阅读能力，并掌握科学的阅读方法。

4.举办优秀图书必读、中外名著书评、读者演讲等活动

我国著名数学家张广厚曾指出，选择适合自己的书籍对于个人发展至关重要。因此，图书馆在导读工作中应当帮助读者学习科学的选择方法，以便选择对个人成长有益的书籍。只有选择合适的书籍，才能真正助力读者认知世界，自我提升。通过举办优秀图书必读、中外名著书评、读者演讲等活动，图书馆可以激发读者的学习热情、调动其兴趣，树立正确的人生观和价值观，提升读者的选择和鉴别能力，充分发挥图书馆作为素质教育基地的作用。

5.编制网上专家推荐书目，建立书目信息双向沟通

传统上，图书馆依靠自身馆员力量编制推荐书目，然而馆员并非各学科专家，导致所编制的书目质量有所不足，尤其是在内容提要的深度上。因此，建议图书馆邀请学科专家参与书目推荐，由专家提供信息，经过编辑整理后在图书馆网页上公示。这样的推荐书目需保证客观性、科学性，避免个人偏好误导阅读方向。专家推荐与科学筛选应相互补充、相辅相成。在网络环境中，建立文献信息双向互馈互惠机制是使专家式推荐书目持续运行的先决条件。图书馆可通过 E-mail 及时向专家发送新到馆书目信息，并主动征询他们的意见，以改进文献采集方向。

6.图书馆多媒体导读系统的内容深化

目前很多图书馆的多媒体导读屏主要是"读者指南"式设计，对于熟悉图书馆设施和服务的老读者并无实际帮助。他们更希望导读屏能提供图书馆管理软件的连接和简明指引，指导他们如何打开各个功能模块的检索界面（如采访、编目、典藏、期刊、个人读者借阅档案等）。因此，多媒体导读屏设计应更注重简单清晰地展示各管理模块界面的进入方式，并支持不同界面之间的方便切换，以满足读者对文献信息资源配置、检索和使用的需求。

7.强化传统咨询台的阅读导引功能，构建虚拟咨询台

大厅咨询台是图书馆各业务部门的代表，应该提供传统阅读指南到现代网络导引的综合咨询服务。然而，目前由于多种原因，大厅咨询台在人力物力投入、业务形式多样性、内容专业性、文献资源配置等方面存在问题，导致服务效果不佳。作为图书馆的门面，大厅咨询台的服务体现了馆内的专业

水准，因此需要增加投入，强化传统咨询服务的实时导引功能，并在现代网络环境下建立虚拟咨询台。虚拟咨询台主要依赖网络版文献资源，通过联机网络提供用户平台，使用户能够在不受时间和地点限制的情况下存取馆内外文献并提出咨询问题。全文数据库、文摘题录型数据库、数字文献信息库等成为构建虚拟咨询台所需的重要信息资源。针对这种虚拟咨询方式，采取了不同的方法，如 FAQ 服务、Real-Time Teleconference（即时视像咨询）等，以便读者能够通过网页获得答案或进行实时视像交流。随着用户信息意识和检索技巧的提升、用户网上资源获取效果的研究，以及智能化平台建设，网络咨询服务将成为发展的必然趋势。

8.构建网络导读平台，加强参考咨询工作

网络导读是传统导读方式的延伸，随着网络技术的发展，信息资源由静态馆藏转变为丰富的动态多媒体资源。网络导读服务是一个系统工程，需要不断探索与实践，调整馆藏结构，加强图书馆网页链接，提供终端服务，并重视对读者进行网上检索辅导。此外，还需开发馆藏特色数据库、导航数据库，并根据不同读者需求开展深层次的网络导读服务，包括定题服务、学科专题服务、科研查新服务等。通过发布专家推荐书目、新书通报、书评、读书报告会、科学讲座等活动，促进图书馆的网络导读工作，为构建网络导读平台奠定坚实基础。

9.构建书评文献数据库

书评是对图书的评论，旨在呈现图书的学术性、信息性和相关性，通过独特的评论语言和审视角度激发读者的阅读兴趣和愿望。其目的在于正确引导读者理解被评图书的学术观点和核心内容，实现对图书的导读目的。然而，目前开展书评工作的图书馆并不多见，且书评的水平参差不齐。许多馆未明确书评工作的任务与要求，将书评活动和书评文献仅作为在馆读者的宣传和导读工具，而未能将书评文献作为原著的补充同时提供给读者。

为了高质量地生产书评文献，图书馆需组建高水平、涵盖广泛知识领域的书评文献撰写队伍，主要由学科馆员组成。这需要邀请专家并收集网络出版物中客观的书评，构建书评文献数据库。学科馆员负责设计、连接和链接学科书评文献检索网页，同时进行自撰书评文献的数字化转化和录入工作。

在录入过程中，需确保著录格式规范且标引准确无误。编辑加工后，每门学科的书评文献汇编形成书评文献数据库的一个子数据库。

（四）网络时代图书馆导读工作的新特点

信息技术、网络技术和数字技术的迅速发展塑造了图书馆全新的网络空间和环境。人们对信息的认识和需求不断提升，读者对图书馆所提供情报信息的质量要求也更高。这种网络空间的发展带来了多样化的信息形式，给传统图书馆的读者服务带来了挑战。在现代化的图书馆中，图书馆馆员的角色不再局限于文献信息的提供者，更应专注于信息评价和选择。导读工作在内容和形式上呈现出新的特点。

1.导读手段现代化

图书馆工作的现代化在网络发展的推动下增添了新的内涵。当前，许多图书馆已建立了计算机管理系统，开通了国内外网站，设立了电子阅览室和多媒体阅览室，并提供光盘数据库检索以及各种网络检索服务。由于文献信息载体的多样化，导读形式不再局限于传统的纸质通报，而且导读手段也在不断现代化。因此，利用现代化手段开展导读工作已成为必然趋势。利用计算机和多媒体技术，在线进行信息导航是一种有效的方法。通过将文学作品输入电脑，并附加相关评论、插图和书目推荐，可以为读者提供更丰富的阅读体验。结合文字和图像，对原文进行评价，为读者提供阅读指导，起到事半功倍的效果。另外，利用多媒体音像技术，将图书馆的布局、文献检索方法和书目报道制作成光盘，在图书馆大厅或目录厅播放，这种动态的导读形式能够取得良好的效果。而图书馆通过将书目信息和电子出版物等放在图书馆主页上的镜像站服务，可以将搜索的信息保存并及时提供给读者，避免了传统服务方式中导读人员做文摘和抄卡片的体力和时间消耗，使读者在家中也能方便获取所需信息。

2.导读内容多样化

导读工作在于探索基本原则和方法，重点考虑了阅读者的不同要求、读者的阅读习惯和能力，以帮助他们提升阅读技巧和方法。但随着科技的进步，图书馆文献的多样性和数量迅速增长，涵盖了多种信息载体，因此，导读工作需要随之拓展其内容，以更好地适应新时代的阅读需求。

导读工作全面涵盖了帮助读者学习文献检索技巧、探索馆藏的多样性、选择阅读内容和提升阅读能力。它还指导读者如何有效地使用馆藏目录、文摘、索引和参考书目等资源，同时在不知不觉中培养良好的阅读习惯和素养。导读人员不单纯提供单一书籍，而是引导读者获取相关主题的系列书目，从而更好地利用馆藏资源。图书馆可通过建立导读点、派驻导读员，利用宣传栏、橱窗和简报等宣传工具，并采用不同形式如问答、书目展示、图示和报告等方式开展导读工作。

3.导读人员专业化

导读工作作为一项专业技术工作，在当前的新形势下面临着更高的要求和更广大的阅读范围。导读人员的专业水平直接关系到导读工作的质量和效果。导读人员需要拥有更多技能和素质，例如坚定的事业心、丰富的知识结构、实践经验，以及熟练的文献检索技能。但现实中，中国图书馆导读人员的素质存在差异，并且导读人员队伍的稳定性不足，因此需要采取相应策略来解决这些问题。首先，通过行政和经济手段制定任用标准和定期考核制度，以激发导读人员的积极性；其次，建立专业的导读队伍，加强岗位培训。导读工作对信息资源的筛选和整理要求高，而兼职馆员由于主职工作需求，难以与读者充分沟通，并且缺乏对导读工作的创新性。为此，图书馆应该建立专职和兼职相结合的导读队伍，设立专门的导读岗位，并培养熟练阅读、知识渊博的馆员担任导读工作。导读专业队伍需具备图书情报学、外语、计算机、文献检索等专业知识，同时了解读者需求。

4.导读工作常规化

在新的时代背景下，图书馆面临着加强导读服务的重要任务。这需要通过精心组织、统一规划以及明确各部门的责任来实现。导读服务应当贯穿于图书馆的各项日常业务之中，多元化地为读者提供服务。为了确保导读工作的常规化和高效性，图书馆需要建立并执行以质量和效果为核心的考核评估制度，注重工作质量和实际效益，而不是单纯追求数量。

5.导读模式多元化

随着阅读方式的变化，图书馆需要创新导读方法，融合传统和数字手段。

这包括建立书评数据库、利用网站和手机导读等方式，将传统的入馆教育扩展到网络、手机、图片和视频等形式的导读。同时，尝试多种导读模式，如赠阅式、推荐式、口碑式、漂流式等，全面、多渠道地提供导读服务，以提高读者受益程度并加强对导读工作的认知。

6.导读注重互动化

在网络环境中，图书馆馆员和读者之间形成了一种互动关系，包括馆员与读者、读者与读者之间的互动。图书馆应善用各种文献、技术手段，如微博互动、借鉴豆瓣模式建立书评、组织读书心得分享活动、建立基于 WEB2.0 的导读网站以及成立读者协会等，旨在让读者更深入了解图书和图书馆，掌握阅读技巧和方法，培养良好的阅读习惯，分享阅读体验，引导读者获取知识并提升自身素质。这种互动的目的在于促进读者与图书馆之间的互动与沟通，推动知识的传播和提升读者的阅读素养。

（五）社区图书馆宣传导读

社区图书馆作为服务特定地域居民的公益性场所，旨在满足人们的文献信息需求，促进文化培育和社会教育，提供休闲空间。然而，诸多社区图书馆面临着资源匮乏、宣传不足、网络竞争激烈等多重问题，导致其利用率不高，甚至门庭冷落。解决这些问题需要增加图书馆藏书数量，优化资源配置，同时加强对社区图书馆的宣传，提高居民的知晓度，从而更好地发挥社区图书馆的作用，服务社区居民。

社区图书馆被赞誉为"没有围墙的学校"，在社区教育体系中扮演着关键的角色。它作为在百姓家门口的知识殿堂，为社区居民提供学习、受教育的便利。通过多样化的形式，如图书借阅、读书活动、居民学校和培训班等，社区图书馆全方位地服务于社区居民。除了普通读者外，特别关注和服务社区内的弱势群体也是社区图书馆工作中的重要内容。

社区图书馆服务的读者群体在某种程度上相对封闭，以离退休人员、青少年、下岗职工和外来务工人员等特定群体为主。为此，有必要针对这些群体的特点开展有针对性的宣传和导读工作，以更好地满足他们的需求，提高他们对社区图书馆资源的利用率。

1.做好新书刊的宣传引导工作

社区图书馆可以采取多种方式，如简报、板报，以及复印期刊目次等，及时向社区读者传达最新的文献信息。这些方法旨在帮助读者迅速了解文献内容，让他们能够按照自己的需求和兴趣，有选择地充分利用最新的图书馆藏书和期刊资料。

2.设立"导读宣传栏"，编印"导读小报"

为了提升读者对图书馆资源的了解与利用，图书馆常采用"导读宣传栏"和"导读小报"等形式。这些宣传栏目包括新书报导栏、专题书目推荐栏、热点图书评介栏等内容，以定期或不定期的方式呈现，旨在为读者提供图书馆藏书和期刊的导读内容，使其更快速地了解最新资料，选择和利用所需的文献信息。

3.开展读者服务讲座

社区图书馆为满足不同群体的需求，积极举办多元化的讲座服务，涵盖了文献检索、社会科学、青少年心理健康、中老年保健等多个领域。调查显示，听众对名著、文学、历史、哲学、经济、法律等议题表现出浓厚兴趣，社区图书馆在充分利用社区资源的基础上，可根据需求安排相关讲座，提高社区居民的知识水平和技能。

4.兴建有特色的图书室

社区图书馆在服务居民时需要考虑社区特点，提供特色服务。除了一般的读者服务外，它们应该紧密结合社区再就业服务，专注于为下岗工人提供转变观念和就业的培训。这样的举措有助于让图书馆成为居民学习与就业的重要场所，真正满足社区的需求。

北京宣武区百顺社区的图书室拥有丰富的藏书，特别是约两百册的有关法制的图书，深受老年居民欢迎，也吸引了一些孩子在假期前来阅读。与此不同，海淀区上地西里社区图书室规模较小，但有着自己的特色——拥有超过80册的英文书籍和原版小说，为社区的孩子们提供了便利的英语学习条件。这两个社区图书室各自因其特色藏书而为当地居民提供了不同领域的阅读资源，满足了不同年龄群体的需求。

社区图书馆首先要了解社区居民的需求，这需要通过细致的读者调查和分析来实现。准确把握读者的年龄、职业、文化程度等信息，以此为基础确定图书馆的服务和购书方向。在此基础上，根据馆藏实力选择特色领域，建立独特而丰富的馆藏。同时，社区图书馆也需要打破独立发展的现状，鼓励不同社区图书馆间的交流与合作，共同促进社区文化资源和信息资源的共建和共享。

第五章　读者导向的图书馆文献服务

第一节　文献流通服务

一、文献流通服务内容

文献流通服务是图书馆基于读者的阅读需求，直接提供馆藏文献的服务形式，是图书馆服务中最为基础和常见的方式之一。这种服务涵盖了文献的借阅、阅览和复制等多种形式，旨在为读者提供方便快捷地获取图书馆资源的途径，满足他们不同的阅读和研究需求。

（一）文献借阅

文献借阅是指图书馆向持证读者提供文献供离馆自由阅读，一般是原始文献。根据借阅对象，分为个人借阅和集体借阅。个人借阅是主要方式，读者需亲自前往图书馆借书，虽然能增强读者的参与感，但花费较多时间和精力。相对而言，集体借阅以团体或单位为单位，一人借书多人使用，节省时间，但需要一定的组织成本，且不便于随时查阅。两种借阅方式各有利弊，供读者根据需求选择使用。

文献借阅方式包括直接借阅、预约借阅和馆际互借。直接借阅是读者在书库找到所需图书后，在借阅设备上借书；预约借阅则允许读者提前预约已借出或新到馆的文献，确保及时借阅；馆际互借则允许不同图书馆相互借阅馆藏，以满足读者需求，遵循馆际互借的制度和协议。这些借阅方式为读者提供了更多便利，使其更方便地获取所需图书，满足个性化的阅读需求。

文献借阅的提供方式包括闭架借阅、半开架借阅和开架借阅。闭架借阅是读者通过目录或馆员的推介来获取所需图书的方式。尽管这种方式便于图书馆管理，但读者无法直接查阅书籍，导致借阅时存在较大的盲目性，借阅手续复杂且等候取书时间长，也增加了馆员的工作负担；半开架借阅让读者通过观察书脊选择图书，由馆员取书借阅，操作直观，简化了手续，但空间利用率低，不便于排架；开架借阅允许读者自行进入书库选择图书，具有极高的自主性和选择性。闭架借阅更注重文献保护，而开架借阅节省了读者的时间，方便使用。普通图书一般采取开架借阅方式，提高了馆藏利用率，而珍贵、特殊文献则需要闭架或半开架等更注重文献保护的服务方式。

（二）文献阅览

文献阅览作为图书馆重要的服务方式，为读者提供场所和文献，供在馆内阅读。这种服务方式能够让读者广泛查阅各种文献和资料，实现文献快速流通，多位读者能在短时间内共享同一文献。阅览室的设置根据不同需求，可以按照藏书类型或读者对象来设置，例如科技阅览室、古籍阅览室、少儿阅览室、老人阅览室等，并根据服务内容采取不同的服务方式。例如，古籍阅览室可能采取闭架或半开架方式服务，而老人阅览室可能配备放大镜、老花镜等服务设备，儿童阅览室则可能采取开放空间等灵活方式，以满足不同群体读者的需求和特点。尽管文献阅览要求读者必须在图书馆指定地点进行阅读，但它提供了一个有利于阅读的良好环境和氛围。更重要的是，对于一些特殊或难以借阅的文献类型（比如工具书、特种文献、地方文献、现期期刊、古籍善本、多媒体读物等），文献阅览仍然是一种无法替代的重要服务方式。

（三）文献复制

文献复制服务是图书馆为了方便读者获取所需文献材料而提供的服务，涵盖了复制、扫描或打印各类资料，包括书籍、期刊、报纸、文章、报告、论文和电子文献等。这种服务使得读者无须离开图书馆就能获取所需资料，不仅覆盖了图书馆内部的收藏资料，也包括利用外部资源获取的文献，有时还提供翻译、编辑和校对等服务。文献复制服务作用显著，能够快速满足读者的信息需求，提高信息检索效率，尤其有助于解决读者因时间或地理限制而无法到图书馆获取资料的问题。文献复制服务对学术研究至关重要。研究人员通常需要大量文献来支持课题研究，而文献复制服务能为他们提供更全面、及时的信息支持。这种服务让研究人员能迅速获取所需文献资料，有助于提高研究的效率和质量。尽管互联网技术的快速发展让数字文献获取变得便捷，但传统的纸质或微缩胶片等非数字形式的文献获取依然相对困难。文献复制服务在处理珍贵的历史资料和学术成果时显得至关重要，能够为读者提供更全面、准确的信息资源，有助于深入了解历史、文化和学术领域。然而，提供这种服务时，图书馆必须遵守严格的版权法规定，确保所提供的文献具备合法授权，不侵犯知识产权。同时，在复制文献时也要确保保护文献的原始面貌和完整性，以保证复制内容与原始文献完全一致，避免信息的损失或误差。这些措施保障了读者获取的信息的准确性和完整性，确保了对知识产权的尊重和保护。

二、文献流通服务特点

（一）多种形式相互补充

文献流通服务涵盖了文献阅览、文献借阅和文献复制等。虽然文献阅览和文献借阅方式不同，但它们相互补充，满足了读者不同层次的需求。文献阅览提供了良好的阅读环境，激发读者阅读兴趣，同时让他们接触到不易借阅的文献，但由于开馆时间和位置限制，读者受到时间和空间的限制。而文献借阅则通过外借方式让读者在一定时间内自由阅读，弥补了文献阅览的不足，使读者能够在外继续阅读他们在阅览中喜欢的书籍。

（二）简单直观氛围良好

文献阅览和借阅让读者直接面对要阅读的原始文献，这种直接的感知体验极为直观。无论是在阅览室还是借阅过程中，读者都可以直接接触到文献，这有助于有效地激发阅读的欲望。阅览室中浓厚的阅读氛围也能够激发读者的阅读兴趣，帮助培养阅读习惯，并提高阅读的效果和体验。

（三）难以满足全部需求

文献流通服务以文献作为核心载体，但受制于文献种类和使用期限，因此会对读者的借阅范围、阅览时限和借阅权限等方面造成一定程度的限制。此外，受到文献检索和获取方式等因素的影响，文献流通服务难以完全满足读者对全部文献的需求。

三、智能文献流通新发展

智能服务技术的进步推动了图书馆服务方式与模式的变革，自助服务已成为图书馆借阅的主要趋势。尤其是 RFID（无线射频技术）在图书馆流通服务中的广泛应用，彻底改变了图书馆的运作。RFID 利用无线电波传输书籍或其他物品上的标签与阅读器之间的信息，使得借阅和归还过程更加高效和准确。用户可以通过 RFID 系统非接触式地借阅书籍，只需扫描借书证并与书籍的 RFID 标签相匹配。相比传统逐本扫描条形码的方式，这个流程更迅速、更便捷。RFID 技术的先进性体现在以下几个方面：

（一）图书馆内文献资料的准确跟踪和组织

RFID 技术可以显著提升图书馆馆藏管理的效率和准确性，使图书管理员能够迅速、便捷地定位资料。以书籍和其他材料贴有 RFID 标签为例，通过 RFID 阅读器扫描，能够确定它们在图书馆内的具体位置。这项技术有助于图书管理员快速找到错放的文献资料，确保资料得到妥善组织和归类。

（二）方便快捷的图书资料借阅与归还

RFID 技术的运用在图书馆流通服务中发挥着重要作用。通过在资料上应用 RFID 标签，读者能够利用 RFID 阅读器快速借阅和归还书籍等物品，大幅缩短了处理时间，提升了流通服务的效率和便捷性，为读者带来更好的借阅体验。

（三）灵活有效的安全防盗措施

RFID 技术在图书馆安全管理中发挥重要作用。通过在书籍和其他资料上应用 RFID 标签，图书管理员能够追踪资料位置，有效防止未经授权的资料离开图书馆的情况发生。一旦未经借出的资料被携出，系统将自动触发警报，有助于防范盗窃行为，并确保图书馆的藏书不会遗失或受损。

（四）快速高效的典藏管理

RFID 技术的应用在图书馆馆藏管理中展现了强大的作用。利用其非接触式自动识别特性，图书馆能够实现对图书的快速盘点，大幅提高了清点效率。在图书剔旧工作中，系统利用内置信息如年份、使用频率等，生成需要剔旧的图书清单，而 RFID 盘点设备则帮助精准找出这些图书，使剔旧工作更加高效、精确。

智能文献流通服务的引入为图书馆带来了深刻的变革。通过这项技术，图书馆的运作方式得以革新，变得更加高效、便捷和贴近用户需求。这种创新在优化图书馆服务过程的同时，也为用户提供了更舒适、更个性化的使用体验。智能化的文献流通服务不仅提升了馆藏管理效率，还为读者提供了更便捷的借阅与归还体验，为图书馆的服务水平和用户满意度带来了显著提升。

第二节　文献传递服务

一、文献传递服务内容

　　面对图书馆馆藏和实体空间的有限性，馆际互借成为解决读者多样需求的一种重要方式。通过这种服务方式，读者能够获取到本馆未收录但需要的文献资源，图书馆之间依照协议与制度互相借阅文献，满足读者需求的同时也提升了图书馆资源的有效利用率。馆际互借建立在合作协议、借阅管理办法和服务标准之上，使得图书馆能够更好地响应读者需求，促进资源共享与合作，实现更广泛的知识共享与传播。

　　文献传递是从馆际互借演变而来的一种文献服务方式，其核心在于向用户提供所需文献或其复制品。这种服务形式可以是纸质或电子形式，突破了地域限制，能够快速、便捷地为用户提供所需文献替代品，具有及时性和高效性。在现代信息技术的支持下，文献传递已转变为基于计算机网络、数字资源传输模式的服务形式，这种模式不仅资源更为丰富，成本更低，还能更加高效、便捷地传递信息，满足用户需求。随着互联网和智能技术的迅速发展，文献传递服务已由传统的纸质资源馆际传递逐步转变为基于数字资源的图书馆文献资源传递，提升了信息传递的效率和便捷性。

二、文献传递服务方式与主要机构

（一）服务方式

1.集中式服务模式

集中式服务模式将文献传递服务集中在一个特定的图书馆中心进行提供。例如，英国图书馆文献提供中心采用这种模式，以其超过 4200 万的文献传递申请服务，为全球用户提供服务。这种模式主要依靠中心图书馆自身丰富的馆藏来满足用户需求,通过集中管理和提供服务,为用户提供了更便捷、高效的文献传递服务。

2.分布式服务模式

分布式服务模式是由多个图书馆共同组成一个资源共享同盟,各个馆共同安装相同的馆际互借与文献传递系统,一起协调资源的请求与分配。在这种模式下,每个成员馆都能向同盟中的其他成员馆提交资源请求,极大地扩展了可获取资源的范围。在实际工作中,图书馆通常采取多种模式共存的方式,以提高资源获取效率,并充分利用各种服务模式的优势,更好地满足用户需求,促进资源的共享与利用。

(二)主要机构

1.国外机构

全球范围内的文献传递服务迅速发展,体现在机构数量的增加和服务覆盖范围的扩大。例如,英国图书馆文献提供中心和美国联机计算机图书馆中心等服务机构已成为重要平台,为用户提供了广泛的文献申请和状态跟踪服务。超过 11000 家不同类型的机构参与了这一服务网络,为用户提供全球范围内的文献支持和服务。

2.国内机构

国内存在多家成熟的文献传递服务机构,比如中国高等教育文献保障系统(China Academic Library & Information System,CALIS),是我国经国务院批准的高等教育公共服务体系之一。截至 2020 年,CALIS 已有 1800 家注册成员馆,覆盖 31 个省(自治区、直辖市)以及港澳地区,构成全球最大的高校图书馆联盟。CALIS 文献传递服务网自 2004 年 6 月开始运营,凭借所有成员馆的馆藏资源,为全国高校读者提供馆际互借和文献传递服务。这使得高校读者可以便捷快速地获取其他高校图书馆丰富的藏书资源。

中国高校人文社会科学文献中心(China Academic Humanitiesand Social Sciences Library,CASHL)旨在整合具备学科、文献资源和服务条件优势的高等学府图书馆。他们计划有序引进国外人文社会科学期刊,并利用现代化服务手段,为全国高校的人文社会科学教学和科研提供高水平文献支持。此外，国家科技图书文献中心（National Science and Technology Library，NSTL）也发挥着重要作用。NSTL 的文献传递服务项目涵盖文献检索、全文提供、网络版全文、目次浏览、目录查询等内容。服务以信函、电子邮件等方式提供全文，根据用户需求灵活满足其信息获取需求。

三、智能文献传递新发展

（一）目前文献传递存在的问题

在我国现有的图书馆服务体系中，文献的流通经历了诸多环节，从登记、申请、审核、检索、批准、传递、物流到最终的收取，形成了一个相当复杂的流程。然而，这个过程中存在一些显著的问题，亟待我们去解决。

首先，效率问题是当前图书馆文献传递服务中最为突出的问题。由于文献传递的流程过于烦琐，导致文献传递请求积压，处理速度缓慢，严重影响了整体的运作效率。这一问题不仅浪费了图书馆的人力、物力资源，也让读者在等待文献传递的过程中耗费了大量的时间和精力。

其次，存储问题也是一个不容忽视的挑战。随着文献格式的多样化，包括书籍、报纸、期刊、电子文档、音频和视频等，如何在跨馆文献传递过程中实现实时存储成了一个亟待解决的问题。这不仅对图书馆的存储设备提出了更高的要求，也对图书馆馆员的存储和管理能力提出了更大的挑战。

再者，文献传递服务的灵活性不足。对于未公开的文献，例如，知识产权不明确的保密论文或内部项目，现有的文献传递方式无法支持共享，使得这一部分文献的传递变得极为困难。这不仅限制了图书馆文献资源的充分利用，也影响了读者对文献的需求满足。

最后，不同图书馆之间的收费标准和资费处理方式存在较大的差异。收费依据包括页数、篇章、使用时限等因素，且优惠政策也因图书馆而异。这种一致性差的现象不仅让读者在选择和使用图书馆服务时感到困惑，也在一定程度上限制了图书馆文献传递服务的发展。

（二）智能文献传递服务新发展

随着科技的飞速发展，智能技术已经深入到了各个行业和领域，图书馆服务也不例外。尤其是在文献传递方面，智能技术的应用不仅显著提升了文献传递的效率，更是提高了服务质量，为广大读者带来了全新的阅读体验。以下是智能技术在图书馆文献传递方面的两大应用：

一是构建智能文献物流，以提高流通效率。在智能化物流系统的支持下，文献传递过程得以简化，效率大幅提升。例如，可以借鉴京东物流、顺丰物流等知名物流企业的管理模式，利用标签追踪和定位技术，为文献规划最佳传递路径。这样一来，读者可以通过智能平台实时追踪文献状态，让文献传递过程变得更加透明，就像接收快递一样方便。此外，智能化物流还能节省图书馆的人力资源，提高文献流通效率。

二是通过智能支付提高文献流通结算效率。近年来，随着互联网金融的迅猛发展，网络支付已成为主流消费方式。人们可以利用手机扫码或刷脸等方式完成支付，不再依赖现金，只需进行身份认证，既高效又安全。借助第三方支付平台，用户能迅速支付文献传递费用，极大地提升了结算效率。这不仅解决了文献传递过程中的低效和积压问题，还为图书馆和读者提供了便捷的支付手段。

第三节　阅读推广服务

1997 年，联合国教科文组织发起了"阅读推广"活动。图书馆阅读推广服务旨在提升读者阅读能力、激发兴趣，通过一系列服务帮助读者更好地理解书籍内容，推动书籍传播。图书馆依托专业的文献管理团队、丰富的馆藏资源和多学科人才，成为推广阅读的重要力量。

一、阅读推广服务内容与特点

（一）内容

阅读推广服务包含两个主要方面：阅读推广和文献推广。其中，阅读推广通过举办书籍讲解、阅读活动、讨论会等多种形式，面向广大群众推动阅读。

阅读推广有三个核心层面：图书推荐、激发阅读兴趣和养成良好阅读习惯。2018 年颁布的《公共图书馆法》详细阐述了阅读推广的基本形式，涵盖阅读指导、读书交流、演讲诵读、图书互换共享等多种活动，旨在普及全民阅读。图书馆可采取多项措施推广阅读，例如举办书籍提供会议、提供专业书评与介绍，为不同年龄层读者提供专业阅读指导，助其更好理解书籍内容。同时，定期举办阅读活动如阅读节、书籍讲座、读书社等，让读者沉浸于读书的乐趣，加深读者与书籍之间的联系。

文献推广针对专业人员，致力于利用技术手段改善研究环境。其目的在于在保证研究环境的可靠性和完整性的基础上，提升文献的易读性和可操作性，以便科研人员更好地进行文献阅读和研究工作。

（二）特点

文献阅读推广服务具备多方面特点：①准确提供文献信息，协助科研人员的研究；②增强文献可读性，促进内容的理解与记忆；③实现文献的可操作性，支持科研人员有效利用文献资源；④同时进行文献数据分析，助力了解学科研究的发展动态和结果。

二、提高阅读推广服务质量的一般方法

（一）广泛开展宣传推广活动

随着互联网的普及，人们的阅读方式发生了变化，但图书馆仍具有重要地位。为了促进阅读文化，图书馆需要积极开展各种宣传推广活动。

1.开展阅读推广活动

图书馆通过主题展览、读书分享会和阅读推荐等多样化活动推广阅读。针对不同读者群体，可线上或线下组织活动。线下活动参与感强，但投入较多；线上活动方便，但缺乏互动。活动组织可定期和临时结合，充分利用阅读月、世界读书日等宣传渠道。同时，邀请知名作家或学者分享阅读经验，提供图书阅读推荐，以协助读者选择适宜的阅读材料。

2.通过新媒体渠道进行宣传推广

图书馆可利用社交媒体及新媒体渠道进行宣传。开设微信公众号、微博等账号发布活动信息，吸引读者关注。读者可随时通过搜索图书馆的微信公众号或微博了解其历史消息和活动信息。同时，通过官方网站展示藏书、活动等内容，方便读者查询了解。

3.开展互动性活动

图书馆可开展互动性强的活动，如读书俱乐部、定期读书会，促进读者间交流，提升阅读能力。同时，可组织阅读比赛、征文比赛等竞赛形式活动，激发读者的阅读热情。通过广泛宣传活动，吸引更多读者借阅图书，提高阅读水平，丰富精神生活。

（二）打造图书馆品牌

在各种娱乐和知识获取方式的激烈竞争中，吸引更多读者成为图书馆管理者面临的重要挑战。图书馆品牌建设有助于提升知名度和影响力，吸引更

多读者进馆借阅，增加借阅量，提高竞争力和市场份额。一个具有品牌形象的图书馆能够给人留下深刻印象，增强读者忠诚度和归属感。品牌建设使读者感知到图书馆的专业性和服务水平，提高信任度和满意度。打造图书馆品牌的方法有如下几点：

1.明确品牌定位

在建立图书馆品牌时，品牌定位是关键的一步。这意味着图书馆需要明确自己在市场中的独特定位，并充分考虑自身特点、读者需求以及竞争环境。在确定定位时，图书馆应该聚焦于核心价值，比如强调知识共享与文化传承，并将这些价值与读者需求有机地结合起来。这样的品牌定位有助于图书馆在竞争激烈的市场中脱颖而出，树立自己独特的形象和地位。

2.打造品牌形象

图书馆品牌的关键在于其塑造的品牌形象。这种形象通过视觉设计、品牌命名以及标志图案等方式来传达图书馆的特色和文化氛围，从而吸引目标用户的关注。这种品牌形象不仅需要与图书馆的定位相契合，还必须具备独特性和吸引力。统一的视觉形象和品牌名称的设计，有助于提升图书馆在大众中的识别度和印象深度。

3.扩大品牌推广

品牌推广是建立图书馆品牌的关键手段。通过社交媒体、宣传活动、合作推广等多样化方式，扩大图书馆的知名度和影响力。这些推广活动必须考虑目标用户的需求和习惯，并在成本和效益之间取得平衡。类似全民类的主题阅读活动等服务涵盖城市、乡镇甚至偏远地区，能够最大限度地扩展推广的覆盖面。

4.做好品牌管理

图书馆品牌的保障在于品牌管理。建立完善的品牌管理体系和规范，确保品牌形象的一致性和稳定性。同时，通过加强读者服务，提升读者的满意度和忠诚度。总之，打造图书馆品牌需要从品牌定位、形象、推广、管理等多个方面着手，采取具体的行动，不断优化并提升品牌形象和价值。这些步骤有助于确立图书馆在市场中的地位，并增强其品牌的认知度和影响力。

（三）提高服务质量，增强读者黏性

随着时代不断变迁，新兴媒体和信息技术对传统图书馆构成了挑战，使得读者更倾向于便捷的信息获取方式。同时，图书馆自身的宣传推广不足、服务质量下降也导致了读者流失。有些读者认为商业性的自习室、书吧等场所提供了更优质的阅读体验。因此，图书馆需认真反思现状，提升服务质量，重新建立与读者的联系，并激发阅读兴趣。这是重塑图书馆地位与影响力的关键所在。

（四）创新服务内容，保持图书馆吸引力

信息时代的新兴媒体带来了大量个性化服务，通过大数据和推送技术为用户提供定制化信息，使得传统阅读方式逐渐失宠。用户现在能够更方便地获取信息。因此，图书馆需要变革，不再只是书籍借阅场所，而是利用新技术提供创新服务，以保持吸引力，并更好地迎合读者需求。

1.数字资源发展

随着数字化时代的快速演进，图书馆已逐渐从传统的实体形态向数字化方向转变。在这个过程中，数字资源的开发与利用成为图书馆发展的重要方向。数字资源的丰富和完善不仅为读者提供了更为便捷的信息获取方式，还进一步提升了图书馆在信息时代的价值和影响力。

为了满足读者的多元化需求，图书馆不断扩充数字资源的种类和数量。除了传统的电子书籍外，还涵盖了各类在线期刊、数据库、多媒体资源等。这些数字资源均以数字化的形式存储和传播，读者只需通过图书馆的官方网站或特定的阅读器，便能轻松地获取所需的资料。

数字资源的建设不仅方便了读者的信息查询，还有助于提升图书馆的知名度。在信息爆炸的时代，一个拥有丰富数字资源的图书馆更容易吸引读者的关注和访问。随着访问量的增加，图书馆的影响力和地位也将随之提升。

2.社交媒体推广

在信息化时代，社交媒体已经成为人们日常生活的重要组成部分。图书馆作为文化传播的重要场所，需要紧跟时代潮流，充分利用社交媒体平台，如微博、微信等，与读者建立紧密联系，提升图书馆的知名度和影响力。通过社交媒体进行图书馆推广，不仅可以发布图书馆新闻、活动信息，还能吸引更多读者参与图书馆的各项活动，提高图书馆的利用率。

3.创新活动举办

在当今信息爆炸的时代，图书馆作为知识的宝库，承担着传播文化、普及知识的重要任务。为了更好地发挥图书馆的作用，吸引更多读者参与其中，举办各种创新活动显得尤为重要。创新活动包括但不限于讲座、展览和读书会等，这些活动既能增进读者对图书馆的了解和认识，也能丰富读者的精神文化生活。

首先，举办讲座是一种很好的学术交流方式。通过邀请知名专家、学者举办讲座，可以使读者了解到最新的学术动态和研究成果。此外，讲座还可以涵盖多个领域，如科技、文化、艺术等，为读者提供丰富多彩的知识盛宴。

其次，展览是一种寓教于乐的活动形式。通过举办各类主题展览，如艺术展览、历史展览等，读者可以在参观的过程中学到很多知识。展览还可以采用互动式、体验式的方式，让读者更加深入地参与到活动中，提高学习的兴趣和效果。

最后，读书会是一种促进读者之间交流与分享的平台。通过组织读书会活动，鼓励读者分享阅读心得、交流读书感悟，可以激发读者的思考能力，培养良好的阅读习惯。同时，读书会还可以促进读者之间的友谊，营造一个和谐、愉快的阅读氛围。

为了成功举办这些创新活动，图书馆需要提前进行充分的准备工作。例如，选择合适的讲座主题、邀请权威的专家学者、布置展览场地、准备相关物资等。此外，还要通过多种渠道宣传推广活动，如官网、社交媒体、海报等，让更多读者了解并参与到创新活动中来。

4.数字学习支持

在信息化、网络化的时代背景下，数字学习已成为越来越多人的选择。为了满足广大读者不断提升的学习需求，图书馆积极引入各类数字化学习资源，为广大读者提供便捷、高效的学习支持。数字学习支持旨在帮助读者提高自身学习能力，同时加深对图书馆的了解和认识。

5.智能服务引入

引入智能服务后的图书馆在服务质量和效率方面都有了显著提升。首先，自动借还书机减少了读者在排队等候借还书过程中的时间消耗，让读者享受到更为便捷的服务。其次，智能导航系统能为读者提供精准的图书定位，节省他们在寻找资料时的宝贵时间。在此基础上，图书馆还可以根据读者的借阅历史和兴趣爱好，推荐相关图书资源，以满足个性化需求。

6.建立联盟服务

图书馆与其他公共部门、书店等建立紧密的合作关系是实现可持续发展的重要途径。这种合作不仅有助于更好地满足社区居民的多样化需求，还能充分利用社区内的资源，促进公共图书馆的创新和发展。

与当地公共部门的合作可以从多个方面展开。例如，图书馆可以与教育部门合作，推动图书馆服务与学校教学的融合，提供更贴近学生需求的资源和服务；与社会福利部门合作，可以为弱势群体提供更有针对性的服务，包括就业培训、文化活动等。这样的合作不仅丰富了图书馆的服务内容，也推动了社区的整体发展。

与书店的合作也是一种富有创意的方式。虽然图书馆和书店的主要功能不同，但它们可以共同致力于推动阅读文化的普及。通过建立推荐购书平台，共享借阅和销售数据，图书馆和书店可以更加精准地了解读者的喜好和需求，为他们提供更符合个性化阅读兴趣的服务。这种合作不仅促进了图书馆的数字化升级，也为书店提供了更多的潜在客户。

此外，图书馆还可以与当地企业合作，举办文化活动、讲座或培训班，为社区居民提供更多的知识和技能。这样的合作不仅为企业提供了展示社会责任的机会，也拓宽了图书馆的服务领域，促使其更好地适应社会的发展需求。

三、阅读推广服务新发展

在人工智能时代，图书馆在进行阅读推广活动时应紧密结合时代发展，创新推进。首先，对于阅读推广活动的内容，需进行改革和创新。在主题设置方面，可依据学科类型或采用新媒体形式，如游戏、音视频等，改变阅读内容呈现方式；在阅读效果方面，可以借助分享会、读书会、短视频和思维导图等方式记录、分享阅读成果。图书馆应勇于革新阅读推广活动形式，开发多样化、创新性的活动模式，结合实际情况开展各类活动，与大众喜闻乐见的活动相融合，让更多人参与阅读推广活动。其次，图书馆应创新阅读推广媒介，广泛运用官方网站、微信公众号、二维码、微博、博客、抖音等多种形式宣传阅读推广活动。

随着文献阅读推广服务方式的不断演进，出现了多种基于人工智能技术的文献阅读推广服务。例如，基于深度学习的文献摘要服务能够利用深度学习技术从文献中提取关键信息，帮助科研人员快速理解文献内容；基于自然语言处理技术的文献信息提取服务有助于科研人员迅速提取文献中的重要信息，更高效地进行研究；而基于计算机视觉技术的文献图像处理服务则能协助科研人员处理文献图像，提供更精准的文献内容把控。这些技术服务为科研人员提供了更便捷、高效的文献阅读和信息获取方式。

第四节 数字资源服务

一、数字资源服务内容

数字资源指的是以数字形式记录，并通过多媒体表达的各种类型资源，分布式存储在互联网上。现代信息技术改变了图书馆信息资源的传播手段和利用方式。数字资源依赖于计算机技术、通信技术和多媒体技术相互融合，形成以数字形式发布、存取和利用的信息资源总和。在网络时代，数字资源是图书馆文献资源的重要组成部分。

根据第十九次全国国民阅读调查结果显示，2021 年，我国成年国民综合阅读率达 81.6%，涵盖报刊和数字出版物等多种媒介。其中，数字化阅读方式（如手机阅读、网络在线阅读、电子阅读器阅读、平板电脑阅读等）接触率为 79.6%，较 2020 年增长 0.2 个百分点。具体而言，手机阅读占 77.4%，网络在线阅读占 71.6%，电子阅读器使用率为 27.3%，平板电脑为 21.7%。人均电子书阅读量为 3.3 本，略高于 2020 年的 3.29 本。在阅读偏好方面，30.5%的成年国民倾向于手机阅读，8.4%倾向于电子阅读器，6.6%倾向于网络在线阅读，7.4%倾向于听书，1.5%倾向于视频讲书。此外，32.7%的成年国民有听书习惯，17.9%使用移动有声 App 平台，11.2%通过微信公众号或小程序听书，10.8%使用智能音箱，而 8.9%和 5.7%的成年国民则分别使用广播或有声阅读器或语音读书机听书。

数字资源种类繁多，涵盖了电子书籍、学术期刊、研究报告、开放教育资源、数字档案、数字艺术品和开源软件等多个领域。这些资源包括书籍、学术研究成果、教育课程、文化遗产以及创意艺术作品等，极大地丰富了人们的学习、工作和生活。同时，这些资源的数字化特性也使其更加便捷和广泛地被获取和利用。

数字资源是信息技术发展的成果，带来了信息获取和利用的便利。其多样的存储形式、数字化特性、高度交流性、方便利用、内容丰富和大容量载体等特点使其成为现代图书馆重要的文献资源。网络和计算机技术的快速发展，数字资源具备了传统纸质资源所不具备的优势，如便捷地查找、使用速度快、传播迅速，并且不受时间、空间和复本限制。因此，近年来，各类图书馆在满足纸质文献需求的基础上，逐渐增加了对数字资源的采购和投入，以更好地满足读者的需求和弥补传统文献资源的不足。

二、目前图书馆数字资源服务存在的问题

（一）资源建设不足

目前图书馆数字资源建设存在多方面问题。首先，资源种类不够全面，尤其在新兴或小众学科领域的资源匮乏，限制了读者的学习和研究。其次，数字资源数量不足，受到成本和人力的制约，无法满足读者的需求。同时，一些资源更新不及时，导致信息过时，影响读者获取最新资讯。此外，部分资源存在质量问题，如错漏、格式不规范等，影响了使用体验和研究效果。最后，版权问题也给数字资源的获取和使用带来了限制。这些问题使得图书馆数字资源服务面临着挑战，需要更多资源投入和解决方案来改善现状，以更好地满足读者的需求。

（二）深度和广度建设不够

目前，数字资源面临着深度和广度不足的问题。其内容缺乏深入的研究成果，仅提供基础信息，限制了读者的学习和研究深度。同时，内容广度受限于单一学科领域，未涉及其他领域信息，制约了跨学科研究。数字资源的挖掘和利用能力不足，缺乏智能搜索和数据分析等功能，影响了读者的使用和研究效果。此外，不同数据库之间缺乏联系和标准化，导致互操作性不足，这为图书馆和数字资源供应商提供了共同解决问题的机遇。通过合作努力，可以提高数字资源服务的质量和效率，为用户提供更丰富、更便捷的信息资源。

（三）存在一定安全隐患

数字资源建设中存在着重要的安全隐患，主要涉及数据泄露、篡改、丢失以及版权与合规问题。数据泄露风险可能源自黑客攻击或内部员工的意外泄露，这可能威胁到数字资源的安全性。数据篡改可能由恶意攻击或病毒感染引起，影响资源的完整性和可信度。此外，数据丢失风险由硬件故障或自然灾害等因素导致，可能影响数字资源的可用性。最后，数字资源在版权和合规方面也存在问题，可能使资源的使用和管理受到限制。这些安全隐患需要图书馆采取有效措施，例如增强网络安全、备份重要数据、加强员工培训等，以确保数字资源的安全、完整和合规性。

（四）缺乏推广

大部分图书馆缺乏对数字资源的宣传意识，未有刻意地推广数字资源，从而可能降低了其使用率和知名度。对于信息素养较高的用户群体，这并不会对他们使用图书馆数字资源造成太大影响，因为他们具备搜索能力和信息获取能力。但对于不太熟悉数字技术的群体，例如老年人等，这种影响更为显著。主要问题包括缺乏宣传推广、推广方式单一、推广效果不佳以及缺乏用户反馈机制。这些问题影响了图书馆数字资源的知名度和使用效果，需要通过更多样化、精准化的推广方式以及建立用户反馈机制来解决。

三、智能数字资源服务新发展

人工智能技术的快速发展为图书馆数字资源服务带来了新的机遇。图书馆和数字资源提供商可以利用人工智能技术来提高数字资源的管理和利用效率，实现更智能化、个性化的服务，从而为用户提供更好的学习和研究体验。人工智能技术在图书馆数字资源服务中的应用主要体现在以下几个方面：

（一）智能搜索

借助自然语言处理和机器学习等人工智能技术，数字资源的搜索效率和准确度可以得到提升。这些技术能够根据用户的搜索历史和兴趣，为用户提供更加个性化的搜索结果。自然语言处理技术能将用户的自然语言搜索转换成计算机可理解的语言，提高搜索的准确性和效率；机器学习则分析用户的搜索历史和行为，为用户提供个性化搜索结果；智能搜索引擎优化技术则提升数字资源的搜索排名，使用户更方便地找到所需资源。这些技术的应用使得智能搜索能够根据用户的兴趣和搜索历史，提供更个性化、准确的搜索结果，为用户提供更加个性化的数字资源服务，提升搜索的效率和准确度。

通过分析用户搜索历史和行为，图书馆可以提供更为精细化的数字资源服务，以提高资源的利用效率和质量。建议图书馆创建类似于谷歌学术或百度学术的智能专业搜索引擎。谷歌学术利用机器学习技术分析用户的搜索历史，为用户提供个性化的搜索结果，并提供相关度排序、时间排序等多种选项，便于用户查找学术文献。而百度学术则基于百度搜索引擎，根据用户偏好推荐相关热点和知识图谱，从而深度挖掘用户的研究需求。

（二）数据分析

运用数据挖掘、机器学习、自然语言处理等人工智能技术进行用户行为分析、资源推荐和文献分析，有助于图书馆提供更为精细化的数字资源服务，从而提高数字资源的利用效率和质量。通过对用户借阅记录、搜索历史等行为数据的分析，能够深入了解用户需求，有针对性地改进数字资源服务，以优化服务效率和提升服务质量，最终提高用户满意度。例如，通过分析用户的借阅和搜索记录，图书馆能够发现受欢迎的书籍类别和热门搜索关键词，从而加强相关书籍的采购和推广，以及优化搜索引擎的推荐算法，提高搜索结果的精确性。借助机器学习和推荐算法技术，图书馆能够分析用户的阅读行为，向用户推荐相似的书籍或文章，为用户提供个性化的阅读推荐服务，增进用户黏性和满意度。例如，构建用户模型并依据借阅记录和评分记录，利用推荐算法向用户推荐相似内容，以提升用户的阅读体验和满意度。

利用自然语言处理、文本挖掘等技术对文献数据进行分析，有助于洞察研究领域的热点和趋势。这种分析为研究人员提供了文献分析和挖掘服务，从而提升研究效率和质量。通过自然语言处理技术，进行文献关键词提取和主题建模，有助于挖掘文献的内涵和意义，为研究人员提供更丰富的文献资源。同时，通过分析文献引用关系，建立文献引用网络，探索文献之间的联系和热点，助力研究人员深入理解研究领域的动态和趋势。

（三）聊天机器人

运用自然语言处理、机器学习等人工智能技术，图书馆能够实现聊天机器人的智能服务，为用户提供全天候的在线咨询。这种机器人能够自动理解用户提问的语义和意图，让用户轻松获取图书馆的服务和资源信息，省去了烦琐的人工查询过程。与人工问答相比，聊天机器人能够迅速回答用户问题，提高了数字资源的使用效率和用户满意度。同时，这种自动化回答减轻了图书馆馆员的工作压力，节约了人力成本。举例来说，通过自然语言处理、机器学习和知识图谱等技术，图书馆可以搭建一个聊天机器人系统，为用户提供智能化的咨询和查询服务。聊天机器人能够接受用户语音或文字提问，自动理解用户的语义和意图，并给予相关回答。除此之外，聊天机器人还能基于用户的阅读行为和喜好，为用户提供个性化的阅读推荐服务。这种系统的应用提升了数字资源的利用效率，节省了图书馆馆员的时间，同时也提升了用户获得更优质服务和支持的体验。

图书馆数字资源服务将因人工智能技术的应用而得以改善，为用户带来更加智能、个性化的服务体验。这样的变革将提高数字资源的利用效率和质量，使用户能够获得更优质、更符合个人需求的学习和研究体验。

第六章　读者导向的图书馆信息服务

图书馆信息服务的核心在于以读者为中心，满足其信息需求。这种服务不仅具备针对性和主动性，主动适应读者需求并提供精准服务，同时还注重易用性、知识性和专业性，确保信息提供的质量和可靠性。这些特点不仅使读者更满意，也增强了图书馆作为信息资源中心的地位，为读者提供了更高效、更便利的信息获取渠道。

第一节　智能参考咨询服务

参考咨询服务是图书馆为用户提供的重要服务之一，旨在帮助用户解决文献利用、知识查找和信息获取等方面的问题。这项服务不仅仅是提供信息，更强调通过多样化的信息来源和个性化的解答方式，有针对性地满足用户对特定信息、信息知识及获取途径的需求。

一、参考咨询服务内容

参考咨询服务起源于 20 世纪初的美国公共图书馆，被视为图书馆馆员直接协助读者解决信息需求的服务。各种权威性文献都将其定义为一种综合活动，不仅包括为用户解决问题、提供文献资源，还涉及对知识和文献的整理、分析和提供支持。这项服务内容丰富，主要涵盖以下两个方面：

（一）咨询问答服务

咨询问答服务是图书馆针对读者一般信息问题提供的服务，是参考咨询的最基本形式。图书馆馆员通过自身的知识储备或检索工具直接回答读者的问题，或者间接提供有效的检索工具或指南帮助解决问题。这种服务方式多样，可以通过口头、电话、邮件、小程序、App、网站等多种途径实现，是图书馆中最常见且广泛应用的服务方式。

（二）信息参考服务

信息参考服务是图书馆针对读者提出的研究性问题，如专题研究或课题立项，提供相关文献信息或索引以帮助读者获取相关资料的服务。这种服务针对性强，为研究者提供了专题性的信息参考，是图书馆在满足读者高级信息需求方面的重要服务之一。因其针对特定主题，也被称为"专题咨询"，在支持学术研究和知识探索方面具有重要价值。

二、参考咨询服务方式

参考咨询以用户信息需求为核心，服务方式分为实时咨询与非实时咨询。实时咨询通过直接与读者交流，具有较强的互动性和服务感受，但成本较高。

（一）面对面咨询

面对面咨询是最传统的咨询方式，读者直接与图书馆馆员面对面进行咨询，能直接解决问题，但服务容量受限且需要读者前往图书馆，存在一定的时间和地点上的不便。

（二）网络咨询

网络技术的发展使实时网络咨询成为一种便捷的图书馆服务形式，让读者可以远程获取图书馆的人工咨询服务。聊天室咨询和即时通信咨询是主要的方式，前者通过网络聊天室进行实时交流，而后者则通过诸如 QQ 等即时通信软件提供咨询服务。尽管网络聊天室作为一种老旧形式逐渐被取代，但即时通信咨询因其广泛的使用范围，依然是图书馆网络咨询中的主流方式之一。

（三）视频会议咨询

图书馆利用视频会议软件（如腾讯视频、ZOOM）建立可视、可交谈的环境，可实现与读者的面对面咨询。同时，通过移动互联网、微信小程序等应用，图书馆可以利用微信进行信息广播，向读者发布新书通报、讲座活动公告等，满足他们对即时信息的需求，并且读者也可以通过微信小程序直接向图书馆进行个性化咨询。

非实时咨询方式包括电子邮件、表单和常用问题检索等形式，这些方式让用户在不同场景下提出问题，而图书馆在非即时的情况下提供解答。电子邮件咨询通过专用邮箱收集用户问题，并以电子邮件形式回复解答；表单咨询则在网页上设置表单，用户填写问题后直接获取答复；而常用问题检索则是将常见问题整理归纳，形成一个知识库，供用户自行查询解决。

三、智能化参考咨询

智能咨询服务借助人工智能技术，包括自然语言处理、机器学习等，使得图书馆能够实现更智能化的服务。这种技术进步带来语音交互、文献分类等功能，提升了用户体验和服务便利性。其中，智能自然语言处理技术是关键，让机器能理解自然语言并作出适当回应，再结合语音识别技术，实现了语音交互和回答功能，给用户带来了更贴近真人服务的体验。智能咨询服务的核心在于利用这些技术为用户提供更高效、智能化的信息查询与交流体验。

（一）建立智能问答系统

图书馆利用自然语言处理技术搭建智能问答系统，使系统能够自主回答读者的问题。这种系统需要具备语义理解、知识表示、推理推断和信息检索等多项功能。

（二）培训知识库

图书馆将自身知识库转换为机器可读的形式，并采用机器学习算法进行持续优化，以提高智能问答系统的水平。这种方法能够让系统更好地理解读者提出的问题，并为其提供更准确、更全面的答案。

（三）提供多渠道服务

图书馆采用多样化的服务渠道，包括网站、微信公众号、App 等多种方式，为读者提供服务。这种多渠道的服务模式赋予了读者更灵活、更便捷的体验，使得读者可以随时随地通过不同的平台进行咨询和获取所需信息，大幅提升了图书馆服务的覆盖范围和便利性。

（四）为读者提供个性化服务

智能问答系统利用读者的历史咨询记录和个人信息，为其提供个性化服务。系统通过分析读者的咨询历史，可以为其推荐相关的图书文献、学科信息等，从而更精准地满足读者的需求。

（五）不断优化服务质量

智能问答系统通过收集读者反馈不断优化服务质量，这需要图书馆工作人员和技术团队合作，共同完善系统和知识库。服务流程包括读者提问、系统回答和读者反馈评价等环节，这种方式在提高服务质量和效率方面表现出色。系统能快速、准确地回答问题，为读者提供高效的参考咨询服务，同时也为图书馆节省人力资源和成本。这种持续优化的服务模式将智能参考咨询推向更加智能化和高效化的发展方向。

第二节　智能定题信息服务

定题信息服务是图书馆针对用户的专题调研需求，收集整理相关信息并提供给用户，帮助他们完成相关课题或研究。主要面向高校科研人员、工程技术人员等专业群体，也可为普通读者提供专题阅读辅导。这种服务内容贯穿科研活动的各个阶段，为用户在课题选题、立项、开题和报告等方面提供全方位的信息支持。定题信息服务充分发挥图书馆信息整合的优势，帮助用户更高效地开展专业研究和学术活动。

一、定题信息服务内容

图书馆提供的定题信息服务以研究主题为重点，帮助研究者明确研究方向，收集相关文献和资料，从而提升他们的研究效率和成果质量。

（一）研究主题的初步探讨

图书馆通过与研究者的交流沟通，了解其研究主题的背景、目的和研究对象等基础信息，在研究者明确研究方向和目标时提供必要的支持。

（二）相关文献和资料的搜集

图书馆针对研究主题为研究者提供相关书籍、期刊、论文、报告以及统计数据等多种资料，以帮助其全面了解研究主题。这种服务为研究者提供了广泛的信息资源，使其能够更深入、更全面地了解所研究的课题，为其科研工作提供了坚实的信息支持。

（三）文献检索和筛选

图书馆提供文献检索服务，协助研究者查找与研究主题相关的文献资源。通过专业的检索工具和知识储备，图书馆帮助研究者筛选、评估文献，使其能够快速定位到最有价值的信息资料。

（四）学术资源的推荐

图书馆针对研究主题向研究者推荐相关学术资源，如学术数据库、在线期刊和学术会议等。通过这种服务，研究者能快速了解到当前领域的最新研究动态和进展，使其能够及时获取并掌握最新的学术资讯和资源，从而更好地开展研究工作。

定题信息服务为研究者提供了快速准确的研究方向确定和文献资料搜集，有效提升了其研究效率和成果质量。同时，这种服务也有助于图书馆更深入地了解用户需求，改进馆藏资源，提高服务品质与用户满意度。一般高校图书馆较多提供此服务；其他图书馆，尤其是公共图书馆，常通过与研究机构合作提供定题信息服务。此外，普通读者若有专题研究需求，同样可以向图书馆申请定题信息服务，增进对相关主题的深入了解。

二、定题信息服务特点

（一）服务的专业性

图书馆定题信息服务是一项专门为专业人士提供专业化信息支持的服务。它要求图书馆馆员具备跨学科的学科背景和专业知识，熟悉图书馆资源并能为研究者提供最适合的资源和服务。这需要图书馆馆员具备信息检索专业技能，能够高效利用各种检索工具。重要的是服务方面，他们需要具备良好的沟通能力和服务意识，以理解并满足研究者的需求，提供个性化、专业化的服务。

（二）服务的多样性

图书馆定题信息服务展现出了多样性特点。服务内容上提供文献检索、资料推荐以及研究探讨、学术资源介绍等多种内容。服务形式包括传统的咨询和在线交流、社交媒体等，服务更加便捷灵活。服务对象广泛，不仅服务于专业人士，也面向普通读者，提高信息素养和学术素养。多样的服务方式，包括线上和线下形式，如讲座、培训等，更具灵活性。此外，服务利用的资源丰富多样，不仅包括图书馆内部资源，还整合了外部数据库资源，使得服务更加全面丰富。

（三）服务的长久性

定题信息服务是一项长期而持续的服务，与短暂的一次性服务有所不同。它不仅为当前的研究者提供支持，更致力于为未来的学者提供持久的信息支持。这种服务模式需要长时间的资源积累和经验沉淀，并持续更新以适应信息环境和研究需求的不断变化。为确保其长期性和持续性，图书馆需要与学术机构、出版社等建立长期合作，共同维护和推动服务体系的发展。这种合作机制有助于服务的稳定性，使得图书馆能够持续地为用户提供高质量的信息支持。

三、智能定题信息服务新发展

随着人工智能技术的不断发展，定题信息服务正逐步迈向人工智能技术辅助的阶段，智能搜索和文本处理等通用智能辅助工具得以出现。在这些技术中，知识图谱被认为是对定题信息服务至关重要的一部分。它是一种结构化的语义知识库，用于描述各种概念及其相互关系，已在搜索引擎、智能问答、语言理解、视觉场景理解以及决策分析等领域得到广泛应用。知识图谱旨在建模、识别、发现和推断事物、概念之间的复杂关系，为定题信息服务的发展和应用提供新的可能性和前景。

（一）基于知识图谱的定题信息服务优势

基于知识图谱的定题信息服务相较传统方式有诸多优势。首先，它更加精准，通过知识图谱可直接呈现相关事物的分类、属性和关联描述，避免了传统搜索引擎的发散性带来的信息筛选困难。其次，它更加方便，免去了人工整理信息的步骤，可采用智能对话等更为便捷的方式进行服务，节省时间，提高效率。最后，它更加直观，知识图谱提升了数据之间的关联，使用户能够更直观地进行数据分析和理解，为专业领域的定题信息服务提供了更清晰、更高效的支持。

（二）构建定题信息服务知识图谱的一般方法

1.数据准备

知识图谱的构建首先依赖于数据的获取，这些数据可以来自多种不同的来源，包括结构化数据（如表格、数据库）、非结构化数据（如文本、音频、视频、图片）以及半结构化数据。不同类型的数据需要有针对性的信息抽取方法，以便进一步构建知识图谱。整合不同来源的数据则需要进行知识融合，将代表相同概念的实体合并，形成最终的数据集，为建立相应的知识图谱打下基础。

2.知识抽取

当下，结构化数据成为知识图谱的主要来源，其可直接利用和转化为基础数据集，无须经过知识抽取，再利用知识图谱补全技术来进一步扩展知识图谱。相对而言，针对非结构化的文本型数据，知识抽取则是关键步骤。这种抽取涉及实体识别、关系抽取和属性抽取等方面，其中的方法多样，包括基于特征模板、监督学习和深度学习等技术手段。

3.知识建模

知识建模是根据行业特点、应用需求和知识图谱模式进行业务抽象和建模的过程。在此过程中，实体、关系和属性的定义至关重要。它需要合理地对业务概念进行划分，并以尽量减少冗余的方式完整地展现实体、关系和属性信息，以满足应用需求和可视化展示的目的。

4.知识融合

获得实体、关系和属性信息后，对数据进行逻辑分类和错误过滤至关重要。这一步骤包含两个主要任务：实体链接和知识合并。实体链接通过相似度计算来解决实体消歧和共指消解问题，以确定不同指称是否指向同一实体；知识合并则解决数据与模式之间的冲突，确保信息的一致性和准确性。

5.知识推理

在前期流程完成后，运用知识推理等技术对定题咨询内容进行处理，便可最终建立起知识图谱。知识图谱通过知识推理等方法能够获取新的知识，因此，知识推理在不断完善和丰富现有知识图谱方面具有重要作用。

第三节　智能科技查新服务

一、科技查新服务内容

科技查新服务是通过文献检索和情报调研，为科研项目提供深入支持的重要工具。它通过分析文献资料，评估项目的创新程度，并为研究人员提供重要信息。这项服务有助于科研工作者更快速地实现精确的文献检索与资料搜集，迅速获取最新研究成果，提高研究效率与成果质量。同时，它也提升研究者的专业水平，使其了解前沿技术与研究进展，增强科研竞争力，促进科技发展。

科技查新服务不仅在科研领域有重要作用，在图书馆中同样发挥着关键作用。首先，它帮助图书馆更好地了解用户需求，使馆藏资源更加符合用户期待，提升资源的利用率和价值。其次，这项服务提高了图书馆的专业服务水平，增加了用户对图书馆的信任感和满意度。

二、科技查新服务流程与问题

科技查新服务的流程一般包括用户向图书馆提出委托并提供相关资料，随后图书馆了解用户需求并签订合同，然后根据提供的资料制定检索策略并进行检索工作。之后，根据检索结果对比用户项目文件，得出结论并撰写查新报告，最终经过审核后提交给用户，并收取相应费用。

尽管科技查新服务在图书馆中发挥重要作用，但当前仍存在着一些挑战。普及率不高是其中一个主要问题，大部分地区的公共图书馆和高校图书馆未能普及该服务。此外，服务知名度低导致需求方不了解该服务的存在，可能会进行低水平的重复研究。服务效果方面，由于查新员的专业素质和资源限制，查新报告的质量难以保证。这些问题表明，科技查新服务目前在自动化程度和服务质量上存在一定局限，仍然高度依赖人工操作和查新员的专业能力。

三、科技查新服务几点建议

（一）开展联合查新服务，推进服务普及

面对公共图书馆科技查新服务发展不足的问题，提出了联合查新服务的新模式。这种模式通过网络技术实现异地服务合作，由具备较强科技查新能力的图书馆为本地图书馆无法提供的服务进行支持。这不仅能够拓展科技查新服务的覆盖范围，还能促进本地图书馆的人才培养和业务提升。联合查新服务的实施有望推动公共图书馆更广泛地将科技查新服务纳入信息服务范围，提高其科技查新服务的覆盖面和影响力。

（二）丰富信息保障，提升服务内容

科技查新服务面临信息获取难的挑战，许多图书馆因资源不足而无法提供此类服务。解决之道在于多方面努力构建可靠的信息获取渠道。这包括在制度、机制、财务、项目、技术等方面采取措施，通过专利信息联盟、图书馆合作等方式拓展馆藏资源，尤其是标准、专利和外文数据库等，以较低成本满足科技查新的文献需求。

（三）发展智能化科技查新

智能科技查新在智能技术快速发展下展现出新的发展前景。它采用"人在回路"模式，利用智能搜索和知识图谱技术对查新内容进行自动主题分析，并由专业人员判断并生成报告。此外，智能科技查新还涉及科技查新管理系统，整合了查新机构的工作内容，在网络环境下提升了工作的自动化水平，减轻了人员工作负担，提高了工作效率，同时也更好地满足了用户不断增长的查新需求。一些知名机构已经引入了不同类型的科技查新管理平台，有效地提升了工作效率和服务水平。

第七章　读者导向的图书馆基础资源服务

图书馆基础资源服务是通过利用其基础资源为读者提供服务。随着社会和技术的不断发展，图书馆的基础资源服务范围和种类不断丰富和多样化。特别是社会教育服务和创客空间服务作为核心职能，逐渐成为各级各类图书馆关注的重点。这种变化与图书馆服务的创新和社会需求的发展息息相关，展示了图书馆在满足读者需求和紧跟时代发展方面的持续努力和创新能力。

第一节　社会教育服务

《公共图书馆宣言（1994）》强调了公共图书馆服务的核心职责，即与信息、扫盲、教育和文化紧密相关，支持个人和自学教育以及各级正规教育。这一宣言明确指出了教育服务是公共图书馆服务的核心内容之一。

一、社会教育服务相关概念

（一）社会教育

《中国大百科全书》中明确了社会教育的广义和狭义概念。广义上，它包括社会生活中一切影响个人身心发展的教育；狭义上，则指除学校和家庭教育外，其他社会文化机构、组织等对成员进行的教育。社会教育广泛覆盖人群，在教育体系中发挥着不可替代的重要作用。文化馆、博物馆、图书馆、广播、电视等各种机构和媒体是实施社会教育的主要载体。

（二）图书馆教育功能

图书馆的教育功能是其基本使命之一，借助馆藏资源和信息技术，以传播知识、促进人才成长和技能培养为核心目标。教育功能涵盖多方面内容，包括文献服务、各类活动举办、科研支持和网络远程教育等，针对不同年龄层次提供服务。通过举办各种活动如讲座、展览等，图书馆培养了公众的阅读兴趣，特别是针对青少年、中青年和老年群体进行了针对性的阅读指导和文化素养提升。同时，支持科研创新，为大众提供信息资源与服务，最终通过网络远程教育推动读者的自主学习和共享文献资源。这些教育功能的实施体现了图书馆在知识传播、全民教育和文化促进中的重要作用。

（三）图书馆社会教育

图书馆作为社会教育机构中至关重要的一环，通过各种方式为读者提供文献资料，举办课程等来丰富知识，提高文化素养，并提供自学环境。图书馆教育在社会教育中扮演着重要角色，旨在提升人们的科学文化水平，促进知识的传播和全民素质的提高。从古代保存文化到近现代社会教育，图书馆职能不断发展演变，其社会教育功能也日益细化和完善，旨在推动科学文化事业的发展。

二、社会教育服务内容

图书馆作为一个服务机构，随着其功能的不断扩展，其社会教育服务内容也在不断丰富与拓展。借助自身拥有的文献、信息资源以及良好的学习环境和设施等，图书馆为社会教育提供多种服务。

（一）教育对象

图书馆在社会教育领域的发展需要建立一个多层次、多样化的服务体系，以满足社会各年龄段和不同身份群体的需求。对幼儿、少儿、青少年、中年和老年人群提供诸如识字教育、阅读指导、实践培训、职业发展和阅读休闲等针对性服务，对失业者和在职者等不同身份的群体提供如求职辅导、职业技能提升等针对性服务，以满足不同人群的教育需求。

（二）教育内容

1.科学教育

科学教育的目标是提高个人科学素养、塑造科学思维以及应用科学知识。其关键是培养对科学的探索精神，核心在于掌握科学方法。图书馆因其丰富的实验数据资源，对科学教育具有天然的优势。这些资源以其精确性和逻辑性，能够潜移默化地影响学生，促进他们的科学思维的培养和知识领域的探索。这种影响在培养学生的科学素养、加强科学探究能力和推动科学进步方面起着重要作用。

2.人文教育

人文教育的目标是提高个体的人性境界、形塑理想人格，并促进个人社会价值的实现。它注重培养人文精神，核心在于涵养人的人性和思想。文学、历史、哲学、艺术等学科作为人文教育的主要内容，多以书籍文献的形式保存和传承。

图书馆作为人文教育的重要场所，承载了丰富的文化遗产，通过各种形式的资料与活动，潜移默化地塑造着读者的人格与思想。人文教育不仅局限于书籍，还包括多样的文化活动，这些活动以丰富多彩的方式影响和提升着人们的人文素养和审美情趣。其最终目标在于培养具备高尚情操、广博知识和深厚文化底蕴的公民，为社会发展与人类文明的进步贡献着重要力量。

3.休闲教育

休闲教育作为一种以放松身心为途径，提升个人文化素养、审美情趣和生活品质的教育形式，关注于调整人们的生活态度和心灵修养。以旅游、音乐、美食、手工艺等愉悦轻松的活动为核心内容，满足娱乐需求的同时，提高个人生活幸福感。图书馆以举办类似旅游、音乐美食节、手工 DIY 等活动的方式影响并教育人们，积极地促进身心健康与提高生活品质，对于提升个人文化素养和社会和谐起到关键作用。

（三）教育方式

图书馆作为社会教育的重要场所，提供多种形式的服务，包括利用场地提供面授教育和推行大规模开放式在线课程（MOOC）。面授教育互动性强，但服务范围有限；而 MOOC 则是一种由一流大学共享的在线教育模式，注重交互和联系，与传统网络公开课有所不同。这些方式丰富了图书馆的教育功能，为社会提供了多样化的学习机会。

MOOC（大规模开放式在线课程）是一种革新性的在线学习形式，允许用户通过网络参与课程学习全过程，包含自学、在线讨论、练习、考试等环节。其易用性、免费课程和证书获取方式，使得任何人不受年龄、国籍和学历限制，都可参与学习。MOOC 平台如 Coursera、edX 和 Udacity 等被誉为行业领军。对于图书馆而言，通过开设 MOOC 课程，可以利用现有平台或自建教育平台，拓展教育服务范围，并根据图书馆特点进行自主设计和管理。

三、社会教育服务现状

作为社会教育系统中不可或缺的一部分，图书馆社会教育服务扮演着重要角色，构成了公共文化事业的重要组成部分。然而，在国内各级各类图书馆发展社会教育服务时，面临着一系列的制约因素和挑战。只有全面认识到这些障碍，才能有针对性地采取相应改进举措，推动图书馆社会教育服务的不断进步与发展。

（一）公众对图书馆社会教育功能认知度低

公众对图书馆社会教育功能的认知度较低，影响了其发挥作用。这种认知不足主要表现在三个方面：第一，公众对通过图书馆获取知识的认知较低，全民阅读率不尽如人意；第二，随着知识更新速度的加快，公众自主阅读意识薄弱，导致图书馆利用率下降；第三，低利用率进一步削弱了图书馆培养阅读习惯的信心，影响了其在社会教育功能的发挥。这种认知不足对图书馆社会教育功能的实现产生了负面影响。

1.阅读的深度不足

近年国民阅读调查显示，成年人有近 30%为获取实用技能而读书，大学生购书倾向于考试用书和小说类图书。在高校图书馆购书推荐中，教辅考试类图书占据近 70%。这凸显了公众阅读倾向于功利性和实用性，可能导致快速阅读，难以培养深度思考和学习能力。这种功利性阅读趋势对知识积累和思维能力的发展具有一定的负面影响。

2.公众对图书馆社会教育功能的认知度低

随着信息技术的发展，公众通过各种媒体获取不断更新的信息。移动互联网普及使得手机成为信息获取主要途径，短视频和短文字取代了传统阅读方式。这些提供浅层事实信息的媒体方便了获取，但面对时代需求，公众需提升文化素养、知识水平、专业技能，单一依赖这些媒体不够，需要其他社会教育工具。图书馆作为信息丰富的公益性和开放性的中心，可成为公众的免费学习场所。

公众普遍对图书馆的认知存在误解，许多人只将其视为借书场所，忽略了其教育服务和知识获取的重要性。尽管一、二线城市图书馆利用率逐年增加，但在中小城市和农村地区，人们对图书馆利用意识不强。利用图书馆的人主要以研究生和考试备考者为主，将其看作自习场所；青少年因学业压力，缺乏自主阅读时间。公众对图书馆教育服务的忽视导致丰富的教育活动鲜有人参与，影响了图书馆社会教育工作的开展。这种认知偏差影响了图书馆潜在的教育价值和社区服务能力。

3.对《公共图书馆法》的陌生阻碍了公众利用图书馆

《公共图书馆法》于 2018 年正式实施，共包含 55 条，详细规定了公共图书馆的设立、运行、服务等内容。尽管该法对于图书馆事业的发展和社会功能的发挥至关重要，但目前其知名度不高，读者和图书馆对该法的了解和运用较为欠缺。这种情况导致读者未能充分意识到自身在图书馆享有的权利，并未能有效监督图书馆提供更好的服务。同时，一些图书馆也未能全面依法履行职责，甚至存在一些不合理的规定，如借阅限制、文献保密等，妨碍了公众利用图书馆资源。这种对《公共图书馆法》的不了解影响了图书馆社会教育服务的效果。

（二）图书馆社会教育水平不高

随着人工智能迅猛发展，国家竞争更多地聚焦在科技水平和创新能力上。创新是民族进步的关键，缺乏创新意味着在国际舞台上无法立足。而创新源于学习，当今社会更加强调学习与创新的重要性，对教育体系提出了更高的要求。作为社会教育机构之一，为读者提供学习和创新的教育服务也是图书馆的职责。尽管部分大型图书馆在社会教育方面表现出色，但大多数中小型图书馆在此领域存在较大不足。它们受限于建设水平，服务单一，缺乏多媒体学习设备支持，无法满足当代读者需求。此外，一些图书馆购书偏向文学而忽视教育类书籍，缺乏专业讲座和个性化服务。这些问题导致图书馆无法提供深度知识分享和满足读者多样化需求的文化服务。改善这些状况将有助于提升图书馆在社会教育和学习创新方面的贡献。

一些大中城市的图书馆充分利用先进信息技术，实现了个性化服务模式，如虚拟参考咨询、网页定制和专属信息推送等，这些服务需要大数据支持和数据挖掘等技术。但在小城市和农村地区，中小型图书馆技术水平相对有限，无法建立智能推荐系统，导致难以为用户提供精准的个性化信息服务。

（三）图书馆社会教育发展不均衡

中国改革开放后，东部沿海地区与中西部地区的经济发展不平衡带来了图书馆社会教育的不均衡现象。东部地区的图书馆数量和质量相对较高，而中西部地区则存在严重的图书馆数量不足和经费匮乏问题。特别是西部地区的农村乡镇几乎没有图书馆，这导致该地区 80%的农民无法享受图书馆的教育服务。经费短缺也影响了图书馆购书能力，使得文献资源陈旧且匮乏，制约了图书馆社会教育的发展。这种不平衡状况需要更多关注和支持，以实现图书馆社会教育在全国范围内的均衡发展。

2020 年的数据表明，中国东部地区的图书馆（如江苏、山东、浙江、广东等省）拥有数量庞大的藏书，每个省的藏书量平均在 7000 万册；而西部地区（如青海、宁夏、新疆、西藏等地区）的图书馆平均藏书量仅为 600 万册，在全国排名较靠后。在社会教育发展方面，城乡之间、大中小城市之间以及高校与社区图书馆之间存在明显的不均衡。农村图书馆建设滞后，很多农村缺乏真正有用的图书馆服务；同时，非省会城市的图书馆藏书量少，难以满足市民的多样化需求，造成不同城市市民获取知识的机会不均等。

四、社会教育服务建议

（一）加强顶层设计，做好发展规划

为更好地履行社会教育职责，图书馆应遵循党中央和国务院的统一安排，并根据国家发展战略来定位自身作用。通过制定发展规划和活动策划，以规划为核心，紧跟时代变化，研究最新策略以适应外部环境的迅速变化。建议成立专门的发展规划研究部门，确保图书馆的发展与时俱进。同时，建立各级图书馆之间的联合机制，共同搭建高质量的社会教育服务平台。

（二）重视宣传营销，吸引读者关注

图书馆的社会教育活动服务对象是广大人民群众，旨在提升知识素养，培养科学人文精神，并提供休闲娱乐。但随着社会娱乐活动增加和网络媒体影响加强，图书馆面临读者流失挑战。如何吸引读者的注意力成为图书馆的难题。在互联网时代，提高知名度需要吸引人们的关注，因此宣传与营销理念应融入图书馆日常工作，建立专门的宣传营销部门，了解读者需求，设计营销活动。

（三）利用人工智能，提供个性化服务

图书馆充分利用人工智能技术，通过智能数据和智能挖掘技术建立读者数据库，以个性化的方式了解每个读者的需求和喜好，并利用智能推荐技术提供符合其需求的服务。同时，图书馆应积极听取读者意见，重新规划服务内容，提供更全面的自助服务项目，以改善工作效率并提升读者体验。

（四）优化人员结构，增强馆员能力

图书馆人员素质直接影响到教育服务水平，提升素质能力需要在招聘、培训和激励三个方面着手。严格招聘标准，重点录用相关专业毕业生；通过不同方式加强在岗训练，提高业务素质；鼓励员工自我提升，通过评比和反馈机制激发服务质量，同时实行专业化的岗位设置以使每位员工有明确的职业规划和专业方向。

（五）统筹利用资源，加强馆际合作

图书馆在提升教育服务水平方面，应通过内部资源共享和外部各类合作展开行动。内部合作涉及图书馆之间的资源共享与互补，避免浪费并解决资源与需求矛盾；外部合作则涵盖与学校、社区等公共和私营部门的合作，例如亲子读书活动等，旨在提升青少年阅读能力并解决家庭教育问题，产生良好的社会效应。

五、社会教育服务典型案例

（一）美国纽约公共图书馆提供的社会教育服务

纽约公共图书馆（New York Public Library，NYPL）成立于 1895 年，是美国最大的图书馆系统之一，秉持服务公众社会教育的宗旨，从早期就确立了服务规划和运行机制。其服务对象包括儿童、青少年、成人和特殊人群，为不同需求提供量身定制的服务。

1.儿童与青少年教育服务

（1）旨在服务 0 至 5 岁儿童的幼儿早期识字计划，鼓励亲子共读、互动，促进语言与阅读能力的发展，加强家庭情感。计划提供故事时间、家庭识字讲习班、免费儿童阅读资料下载等服务，同时提供外部资源导航，致力于扩展幼儿早期教育范围。

（2）中小学生教育服务在学生放学后提供多样化服务，包括个性化家庭作业辅导、科技工作项目、读书讲座和电影放映等，同时提供电子书资源。

此服务不仅为学生提供了丰富多彩的学习机会，也为双职工家庭解决了下班前孩子教育难题，成为学校和家庭教育的有益补充，为家长提供极大便利。暑期阅读计划为儿童和青少年提供了各种年龄段适宜的阅读活动，增加了暑期学习的选择性。

2.成人教育服务

（1）英语与成人识字教育服务旨在满足纽约移民等各类人群的英语学习需求。提供英语初级、中级、高级课程，包括针对英语非母语人士的听说读写培训、成人基础英语的阅读和写作提高，以及适用于想寻找工作或提升工作技能的工作英语课程。此外，还开设针对英语非母语人士的英语会话课程，侧重于实用英语技能的练习。

（2）纽约公共图书馆的计算机教育服务提供 80 多门免费技术课程，覆盖初级至高级各个层次，内容广泛涵盖智能设备、办公软件、图像视频编辑、编程等多个领域。特别设计了针对特殊群体的课程，如为盲人提供有声读物在线访问等。这些多样的课程内容，几乎满足了每个人不同需求的学习选择。

（3）纽约公共图书馆提供就职与发展教育服务，致力于帮助成年人成功就业。服务内容包括面授课程、网上课程和求职讲习班，涵盖简历撰写、求职信技巧、面试准备等实用技能，并教授求职者挖掘潜在就业市场、有效准备面试、着装建议及肢体语言交流等技巧。

3.特殊人群服务

（1）纽约公共图书馆为教育工作者和家长提供教育卡服务，以提升其对图书馆资源的利用。教育卡权益包括 100 本书无滞纳金借阅、长借阅期、50 项活动申请及电子资源数据库访问等。只需提供教育工作者证明或家庭教育身份证明即可在社区图书馆办理教育卡，并通过与其他部门的合作扩大服务范围。

（2）图书馆针对教师提供群体服务，支持他们课堂教学所需。通过馆员提供相关书籍借阅服务、安排学生图书馆参观等活动，满足教师课程计划所需的资源与信息。服务团队定期访问学校向教师介绍图书馆服务，并举办教学相关活动、讲习班、研讨会，设立博客频道详细介绍为教师提供的机会和资源。

（二）上海图书馆提供的"数字上海文化"网络学院远程教育

上海图书馆开设了"数字上海文化"网络学院远程教育服务，提供丰富的上海文化、历史、语言、自然科学等课程。涵盖初中至大学各年级和不同层次的知识点，包括上海的历史文化、地理、旅游资源等内容。学生可自主选择课程，并通过在线视频和文本形式进行学习。

上海图书馆的网络学院提供多种形式的在线学习，如在线答题和练习，吸引了大批学生参与，让他们获得实用知识和更深入地了解上海文化。这不仅让学生受益，也加强了图书馆的社会影响力，展示了其在数字化时代的新角色，为图书馆服务拓展新领域、数字化转型提供了宝贵经验。

（三）国家图书馆提供的"掌上国图"移动数字图书馆

"掌上国图"移动数字图书馆的推出标志着国家图书馆在数字化时代对服务的创新与升级。这一移动阅读平台在多个方面带来了显著的效果，进一步提升了国家图书馆的服务水平，塑造了一个数字化、便捷、多元化的阅读体验。

第一，其无限制的使用为用户提供了随时随地获取数字资源的便利。通过"掌上国图"平台，读者可以在任何时间、任何地点利用智能设备进行阅读，打破了传统图书馆开放时间和地理位置的限制。这种无限制的使用方式大大提高了用户的阅读自由度，满足了现代人随时追求知识的需求。

第二，通过"掌上国图"移动数字图书馆，国家图书馆的服务覆盖范围得到了显著提升。不再受限于实体馆藏的地理位置，用户无论身在何处，都能够充分利用国家图书馆的丰富资源。这样的拓展使得图书馆的地域影响力更为广泛，为更多人提供了高质量的文化服务。

第三，移动数字图书馆成功实现了多元化服务转型。除了传统的借阅服务外，平台结合读者需求提供信息、文化传承、知识等多样化服务。这不仅仅是提供图书的数字化版本，更是将图书馆打造为一个融合文化、教育、娱乐等多方面服务的综合平台，满足读者多样化的需求。

第四，数字化工具的应用提高了资源利用率和服务效率，使得服务更为高效灵活。通过数据分析和智能化技术，图书馆可以更精准地了解读者的兴趣和阅读行为，为其提供个性化的推荐服务。这种高效的服务模式使得图书馆能够更好地适应快速变化的社会需求。

第五，移动数字图书馆注重用户体验，设计了现代化且具有艺术美感的阅读功能。通过结合现代设计和智能化的交互功能，用户在使用平台时获得类似纸质书籍的阅读体验。这种优美的阅读体验提高了用户的满意度，同时也推动了数字阅读的普及。

总体而言，"掌上国图"移动数字图书馆以其高效的服务模式和用户友好的设计，成功地提升了国家图书馆的服务水平，满足了读者不断增长的多样化需求，为图书馆的数字化和智能化发展注入了新动力。这也为其他图书馆在数字时代的服务升级提供了有益的经验和启示。

第二节　创客空间服务

2015 年，国务院办公厅印发了《关于发展众创空间推进大众创新创业的指导意见》，以促进大众创新创业为目标，加速创新驱动发展战略的实施。该文件鼓励建设众创空间，特别鼓励科技人员和大学生创业，利用大学科技园和科研院所等资源为创新创业者提供低成本、便利化、全要素、开放式的创业空间。

作为知识学习和创新的重要场所，图书馆应适应新形势、新需求，引入创客空间。这种转变不仅改变了传统图书馆的服务方式，也在促进图书馆的转型过程中发挥了关键作用。创客空间为用户提供了更多自主选择和创新学习机会，吸引不同背景的用户，促进资源共享和创意交流，加速了知识碰撞和创意成果的转化，为用户的角色转变提供了有力支持，使他们由知识的消费者逐步转变为知识的创造者。

一、创客空间相关概念

（一）创客

创客是具备创新思维和制造能力的个人或团队，他们追求将创意和设计转化为实用产品或服务的热情。这个群体以技术分享和思想交流为乐，在创客社区中培育出独特的创客文化。随着互联网和数字化技术的不断发展，个人和小团队可以利用 3D 打印、激光切割等工具，以较低成本进行产品创新或改良，打破了过去由大公司或机构垄断制造和生产的格局，推动了创客运动的蓬勃发展。

创客跨越各领域，包含软件、产品设计、电子工程、手工艺和艺术等多种背景。他们渴望成为独立、自主的技术创新者，追求实现个人梦想并积极影响社会和环境。创客关注工程化导向的领域，涵盖电子、机械、机器人、

3D 打印等，同时熟练运用各类工具，包括 CNC、激光切割机，以及传统的金属加工、木工和艺术创作。他们善于发现新技术，鼓励创新和原型制作，强调实践与理念相结合，在实践中不断学习并创造性地运用新知识。这一群体以实践为导向，注重将理念付诸实际，是创新和行动的践行者。

创客具备较强的知识管理能力，通常倾向于使用线索式的邮件管理个人事务，形成稳定的线上社群。他们通过固定的线下聚会活动来保持联系和交流。创客乐于分享研究成果和作品，展示技术细节，并通过交流获取建议和灵感。他们擅长跨领域合作，作品涉及艺术、工程、电子等多个领域的整合。对自然科学特别是物理、化学、天文等领域充满兴趣，喜欢探索事物的本源，热衷于拆解和探索原理性真相。创客聚集在创客空间、Makerspace、TechShop等线下场所举办研讨会、黑客松等活动，还参与自我展示的盛会如创客制汇节和火人节。

（二）创客文化

创客文化是新兴的文化形式，将创新和制造能力置于核心地位，与互联网和数字技术的进步紧密相连。创客通过运用这些技术和硬件设备，将自身构想转变为实际产品，并通过制作样品和推广产品来实现其创意和设计。这种文化倡导"做中学"的理念，强调实践和经验的结合，注重将创意转化为实际产品，并鼓励个人创新以满足小众需求，旨在推动资源共享和技术创新。创客文化的兴起不仅改变了过去封闭内敛的系统，还对科技应用、产品开发和创造力等方面产生了深远影响，成为现代社会中不可忽视的重要元素。

总的来说，创客文化以互联网和数字技术为支撑，聚焦在创新和制造领域，强调个体创意和小众需求，倡导资源和技术分享。作为一种亚文化，创客文化融合了独立兴趣和执着信念的群体，这些人热衷科技实践，坚持自己动手解决问题。它延续了 DIY 文化，融合了技术元素，结合了朋克理念和反消费主义，鼓励自主设计、个人表达、环保和合作分享。

创客文化代表着现代社会中崛起的技术推动的新型创造力。它的内涵涵盖了对自由、分享、开放、智慧、协作、共享等价值观的追求，并具有国际性、开放性、平等性、协作性和教育性等特质。这种文化以多种形式表现，如 DIY、开源硬件、开放数据、移动开发、机器人等，秉承着"自由、分享、开放、智慧、协作与制造"的文化精神。

创客文化囊括了 DIY、开源硬件、共享文化、社群合作和创新实践。它鼓励个人自由发挥创造力和思考能力，支持硬件开放设计和共享创意，推动快速迭代和行业发展。创客文化重视学习交流和合作，强调实践和社区反馈，旨在打造开放的合作生态系统。在树莓派、Arduino、Makeblock、自行车修理自助服务、智能玩具 DIY、3D 打印、激光切割、无人机、机器人等项目中，创客文化有着鲜明的体现。

（三）创客空间

创客空间是供创客进行创意制作、创新研究和科技探索的场所，旨在培养和支持创客精神，促进创新和科技发展。这些空间通常配备各种设备和工具，如 3D 打印机、激光切割机、编程设备和电路板，帮助创客将创意转化为实际产品。此外，创客空间也提供了协作、分享和学习的环境，促进创客之间的交流、学习和经验分享，从而推动创客活动和科技的蓬勃发展。

创客空间具备创新性、开放性、互动性和自主性等特征。它引入新型教育方式，培养创新和实践能力；具备开放和共享的氛围，欢迎任何人使用其设备；提供交流合作的平台，促进创客们的学习和经验分享；鼓励自主创造和探索，鼓舞创客不受传统教育体系的限制，激发创意和探索精神。这种空间为培养创新者和实践者提供了理想环境，推动着创新与科技的发展。

创客空间涵盖学校、企业和社区三大类型，分别为学生、员工和社区民众提供服务。学校创客空间致力于科技教育和实践，企业创客空间则为员工提供创新平台，社区创客空间则是开放的社区实验室。知名创客空间如 TechShop、Maker Faire、Fab Lab 和创客汇，各自特色显著，提供全面设备、教育支持或影响力广泛的全球性活动，吸引着大量创客和对创客文化感兴趣的人参与。这些空间的出现鼓励着创新和科技发展，并为人们提供了多样化的创客体验和学习机会。

创客空间形式多样，既可以是固定的空间延伸，也可以是独立的移动形式。移动创客空间相较于固定空间具有以下优势：

1.服务范围广泛

根据我国相关部门发布的《公共图书馆建设用地指标》规定："大型图书馆以读者乘公交或骑车自行 60 分钟（含等候与换乘时间）可以到达为宜，其服务半径为 9 千米；中型图书馆以 30 分钟为宜，其服务半径为 6.5 千米；小型图书馆以 20 分钟可以到达为宜，其服务半径为 2.5 千米。"为了满足社会对便捷服务的需求，图书馆在固定位置开展创客空间服务。这种创新模式将创客服务送到用户家门口，克服了地理和交通障碍，让创意者随时利用现代设备发挥创造力，从而极大地扩展了图书馆的服务范围，使服务更贴近用户。

2.服务内容多样

固定创客空间在位置和服务内容上较为固定化，而移动创客空间则根据不同主题和用户需求灵活调整服务内容，包括针对硬件极客或骇客提供不同的服务，使得服务更加多样灵活。

3.建设成本低廉

固定创客空间的建设成本庞大，需要宽敞的空间和购置昂贵的专业设备，对于中小型图书馆来说是一大挑战，尤其是缺乏专项资金支持的情况下。相比之下，移动创客空间的建设要求较低，不需要大型设备和高要求的物理空间，大幅降低了建设成本，为有限资金的图书馆提供了更灵活的创客服务选择。

（四）创客空间的基本要素

一个出色的创客空间应提供所需的设备和知识资源，同时具备开放共享、鼓励创新文化、促进协作社区、提供实践机会和展示成果等关键要素。一个出色的创客空间必须拥有充足的设备和工具，如 3D 打印机、激光切割机等，以支持创客们的创意构想。同时，提供丰富的知识和教育资源，如培训课程和在线学习资料，帮助创客们掌握相关技能。具备开放共享、鼓励创新文化、促进协作社区的特质，让创客们自由交流、学习和分享经验。此外，创客空间应鼓励实践与成果展示，让创客们有机会将想法付诸实践，并展示其创意成果。这些要素共同构成一个促进创意和创新实践的理想环境。

从建筑空间的角度来看，创客空间通常包括以下几个要素：

1.制作区

创客空间的制作区是其中的核心，这个区域提供各类工具和设备，旨在支持创客们将他们的创意变为现实。同时，制作区也需要提供各种材料和配件，以便创客们能够使用这些资源制作、打造他们的作品。

2.交流区

创客空间中的交流区域是一个开放的空间，旨在让创客们自由交流和分享创意、技巧以及经验。这个区域不仅仅是一个场所，还是促进创新合作和灵感碰撞的平台。在这里，创客们可以互相激发创意，组织讨论或活动，为创新提供更多机会和可能性。

3.展示区

创客空间的展示区域是用来展示创客们作品和成果的特定场所，常设展示柜或墙面，旨在鼓舞创客们更加积极地创造和创新。这个区域不仅是对创客努力的肯定，更是向外界展示创客空间的成就和价值的窗口。

4.储放区

在创客空间中，储放区域是专门用来存放设备、材料和工具的地方。为了方便创客们获取需要的物品，这个区域通常需要保持整洁有序。更重要的是，储存区还需有明确的管理制度和安全措施，确保所储存的设备和材料能够安全保管和完好无损。

5.办公区

作为创客空间的管理中心，办公区承担着管理和运营的重要职责。这个区域内设有管理和运营人员的办公室，用于处理日常工作，包括活动策划、场地管理和资源分配等事务。此外，办公区还提供额外的服务，以满足创客们多样化的需求。

二、创客空间服务内容

（一）硬件资源服务

创客空间以免费对社会开放的形式提供场地，供创客进行创作或其他活动。此外，这些空间通常提供各种制造设备和工具，创客可以租赁使用，为他们的创意和项目提供所需的资源支持。这种开放和资源共享的模式有助于激发创客们的创新潜能，促进创新和技术的发展。

（二）软件资源服务

1.培训和指导

创客空间致力于为创客提供广泛的培训和指导服务，以助力他们学习和精进各种制作技能和知识。这种支持形式多样，涵盖了课程、工作坊和讲座等多种方式，旨在为创客提供丰富的学习资源，促进其创意和技能的不断提升。

2.活动和竞赛

创客空间通过举办各式活动和竞赛，涵盖创意设计、技能比赛和科技竞赛等多个领域，鼓舞创客们更积极地投入创新。

3.资源共享

创客空间致力于资源共享服务，涵盖图书馆藏、开放数据集和知识库等多个领域，旨在支持创客们更便捷地获取所需资源和信息，促进他们的创新和创造。

4.创意孵化

创客空间不仅提供了创意孵化服务，还包括商业咨询、技术支持和融资支持等多方面的服务。这些支持创客将想法转化为商业实践，促进了创新与创造，也为社区和经济的发展提供了重要的支持和推动作用。

三、创客空间服务现状

（一）社会认识程度不足

在西方国家，图书馆的创客空间服务已经发展成熟，并得到了广泛认可，但在中国，这种文化尚未得到普及。目前，社会对创客空间的了解程度不高，用户参与度较低，而图书馆工作人员需要具备更多专业技能和培训，这也是一个挑战。因此，要推动创客空间服务的发展，需要提高社会认知度，加强用户参与度，同时为图书馆工作人员提供更多专业的培训支持。

（二）建设资金缺乏

公共图书馆要开设创客空间服务，需要投资先进设备、技术和人员。这些高科技设备和专业服务人员是创客空间服务的基础，但资金来源对于创客空间的建设和正常运营至关重要，特别是在政府政策的影响下。因此，如何获得足够的资金是公共图书馆在推进创客空间服务时所面临的主要挑战。

（三）专业指导人员不足

图书馆创客空间所面临的专业指导人员短缺问题源自多重挑战。这包括对广泛服务内容和设备工具的要求，需要指导人员具备多样技能与知识；服务对象的多样性，要求指导人员拥有社会工作能力与综合素质；高昂的运营管理成本，导致一些空间无法提供足够质量的指导人员或因成本压力而缺乏人员配备。解决这一难题需要资源投入与培训，以确保创客空间能够为广泛用户群体提供有效指导与服务。

为解决专业指导人员不足的难题，图书馆创客空间可采取多项措施。这涵盖了构建专业团队的方法，通过招募、培训和评估留住优秀人才；与相关机构合作，共享资源和人才；建立高效的运营管理机制；加强公众教育，提升对创新创造的认知与理解。这些举措将有助于提高专业指导人员的数量和质量，推动创客空间的发展与创新创造的实现。

（四）同质化竞争激烈

图书馆创客空间普及的同时，同质化竞争成为突出问题。这种竞争现象是指不同供应商或机构在相同市场提供相似产品或服务，引发价格和附加价值上的竞争。解决这一挑战需要创新、差异化经营以及提供更高附加价值的服务，以在竞争激烈的环境中脱颖而出。

在图书馆创客空间领域，同质化竞争问题涉及多个方面。设备和工具同质化导致服务内容缺乏特色，各空间难以在市场中突出；培训和指导的相似性限制了满足不同用户需求的能力；创新项目缺乏差异化，难以获得竞争优势；品牌形象的相似性使得吸引用户和合作伙伴方面存在挑战。

应对图书馆创客空间同质化竞争，需要多方面努力。第一，增强差异化和个性化是关键，通过提供独特设备、创新培训和指导、特色项目和品牌形象来突显独特性。第二，加强合作与联盟，与其他机构合作共享资源和人才，扩展市场渠道。第三，创新经营管理方式，提升服务水平、管理模式和效率，以增强竞争力。第四，加强公众教育，提高对创新创造的认知，增进公众对图书馆创客空间的了解和认可。这些措施综合起来能够有效提升创客空间在竞争激烈市场中的地位和吸引力。

四、创客空间发展建议

（一）全面宣传推广

公共图书馆创客空间代表着图书馆服务的创新与变革。为了让更多人了解并接受创客空间的理念，图书馆需要积极加强宣传推广工作。这涉及宣传范围的扩大和宣传方式的多样化。通过更广泛、有针对性的宣传推广，公共图书馆可以提升社会公众对创客空间的认可度，从而推动更多人参与并分享创新成果。推广公共图书馆创客空间服务需要多方面策略。首先，拓展宣传范围至偏远地区，并利用移动服务站和装饰服务车向社区和郊区传达创客理念，打破地域限制。其次，宣传需覆盖各年龄层和不同职业背景的人群，全面展示适合不同用户的服务项目。最后，利用互联网和通信软件等新技术，以多样化宣传方式，拉近图书馆与读者的距离。这些措施能够促进创客空间服务更广泛地为社会所知，吸引更多群体参与其中，从而推动创客文化的普及与发展。例如，制作宣传手册、海报等物料是传统有效的方式；利用广播电视媒体是覆盖大众的宣传途径；在公共图书馆的网站、微博、微信等平台上设置专栏介绍创客知识，进行服务培训，可以更直接地吸引感兴趣的读者群体；另外，拍摄宣传片在社交媒体上分享创客空间的功能和服务项目，能够更生动地展示，例如在抖音等平台分享视频。这些多样化的宣传手段相互结合，将创客空间服务全方位地展示给公众，有助于吸引更多用户了解并参与创客空间活动。

（二）合理分配资源

创客空间的建立对资金支持需求量较大。公共图书馆作为公益性文化机构，在筹集资金方面可以寻求政府专项资金，与其他机构合作共建，或通过网站等平台募集资金。科学合理的发展规划对创客空间的稳定发展至关重要，需要合理分配资源，购买可循环使用、健康环保的创新工具和设备，并根据用户需求逐步添加大型创新设备。这些举措有助于保障创客空间的健康发展，并提供更广泛、更适应用户需求的服务。

（三）加强馆员技术培训

各城市纷纷举办创客空间大篷车活动推广创客理念。公共图书馆应为馆员提供学习机会，让他们参观国内外成功案例，吸取经验，同时加强技术培训，提升服务水平。这些举措有助于馆员掌握先进创新技术，促进创客空间持续发展，为用户提供更优质的服务和资源。这也将有助于不断满足用户的需求，推动创客文化在公共图书馆中的普及和发展。

五、创客空间服务典型案例

2011 年，法耶特维尔公共图书馆在美国纽约州率先建立了图书馆创客空间，为用户提供 3D 打印等创新服务，为全球图书馆创客服务的发展揭开了序幕。这一举措开创了图书馆以创客空间服务形式为用户提供新技术与创新的先河，随后全球范围内许多图书馆纷纷效仿，推动了图书馆服务范围的拓展和服务方式的创新。这个里程碑事件标志着图书馆创客空间服务在全球范围内生根发芽，不断演变和壮大。

（一）美国克利夫兰公共图书馆创客空间

克利夫兰公共图书馆（Cleveland Public Library，CPL）自 1869 年成立以来，作为美国公共图书馆体系的重要组成部分，拥有广泛的服务网络。在 2012

年，CPL 建立了鼓励知识分享的科技中心 TechCentral，随后于 2014 年开设了
TechCentral 创客空间，2016 年又引入了移动式创客空间，为各分馆和社区提
供流动式服务。TechCentral 创客空间的建设资金由 CPL 自行投资，其中 50%
来自市政府拨款，40% 来自州政府拨款，另外 5% 来自政府间援助，还有 5%
来自其他收入。

　　TechCentral 是克利夫兰公共图书馆的重要组成部分，开放时间为周一至
周六上午 10:00 至下午 6:00。它设有计算机区、工作区和讨论区。计算机区配
备了 90 台电脑，提供微软操作系统、微软 Office 软件、WinWay 简历创建器、
Jaws、ZoomText 等服务。同时，整个图书馆提供无线上网，而 TechCentral 更
方便地提供了电源插座，为用户提供更便捷的使用体验。工作区配备了大量
工具，主要包括激光雕刻设备与软件、3D 打印设备及软件、切割设备及软件、
多媒体工具等。TechCentral 创客空间提供多种多媒体工具和设备，如 Wacom
直觉创意工具、Adobe 创意套件、Corel PHOTO-PAINT 等软件，以及 M-Audio
Oxygen 25 USB MIDI 键盘、吉他、低音吉他、Korg Monotron 合成器等乐器。
TechCentral 免费提供使用机器，但使用 3D 打印、激光雕刻、乙烯基切割等耗
材需支付基本材料费用。该创客空间对 CPL 的持卡读者免费开放，也对克利
夫兰网络图书馆联盟成员馆的持卡读者开放。空间面向 13 岁及以上用户开放，
13 岁以下用户需成人陪同。

　　TechCentral 定期提供每月四次的免费培训课程，旨在帮助用户了解并掌
握空间内各种设备和工具的使用方法。这些课程固定在美国时间每周一上午
11:00 到 12:00，用户可以直接参与。内容涵盖激光雕刻基础、3D 打印基础、
印制和切割乙烯标记，以及乙烯基 T 恤设计与印制。

　　此外，TechCentral 的动手与创意编程实验室提供多样化的实操课程，内
容涵盖广泛。用户可参与学习包括 3D 打印、电子电路制作、触摸屏手套制作、
管道胶带艺术、代码和密码学基础、激光雕刻相片、室内设计规划等课程。
此外，还有创建虚拟摇滚乐队和乐器制作等内容，为用户提供了丰富的学习
和创造机会。

　　TechCentral 每年举办克利夫兰迷你创客节，吸引大量参与者和演讲者。
首届创客节吸引了近 2000 人参与，包括 52 名创客，覆盖艺术、手工艺、工

程、音乐、科学、技术和 DIY 等领域。活动让当地拥有不同技能的人分享知识和项目，观众还能与发明家互动学习使用各种工具。随后的第二届创客节吸引了超过 4000 人和 100 多位演讲者进行展示，进一步扩大了活动的规模和影响力。

（二）北京市图书馆创客空间

作为中国图书馆创客空间的典型代表，北京市图书馆创客空间不仅仅是一个提供服务的地方，更是一个激发创新创造的场所。其提供的自由开放空间吸引着众多创客，为他们提供展示创意、交流想法的平台。

北京市图书馆创客空间不仅拥有广阔的空间，更提供了多功能区域和先进设备，为创客们提供了充满创造力的自由环境。它不仅仅是一个创新的场所，更是一个创业的孵化器。创客们可以通过各种培训课程和活动，以及与专业人士合作，不断完善和实现他们的创意想法。此外，积极参与国内外创新竞赛的举办和组织，为创客们提供了展示和交流的机会，激发着他们不断创新和探索的动力。这个创客空间不仅仅是一个资源的聚集地，更是一个充满活力和机遇的社区，为创新创业者们提供了展示才华和实现梦想的舞台。

第三节　其他服务

一、移动图书馆服务

移动图书馆服务的出现突破了传统图书馆的限制，使读者不再受时间和地点的束缚。通过微信公众号、应用 App、网站服务等多种方式，读者可以随时随地使用移动设备获取图书馆服务，包括借阅书籍、查询信息等操作。这种高度便捷和灵活性不仅方便了读者，也大幅提升了图书馆服务的效率和实时性。移动图书馆服务不仅是技术与图书馆服务的结合，更是为了让知识与阅读能够融入人们生活的创新尝试。

（一）微信公众平台

图书馆微信公众平台作为流行的服务手段，为用户提供了便捷的图书馆服务入口。通过微信登录，用户可以进行信息查询、文献借阅等操作，无须额外的软硬件支持，成本较低。然而，因其建立简单，服务内容相对固定，且应用范围受限，限制了其在满足更广泛需求和提供多样化服务方面的发展。

（二）应用 App

专用图书馆 App 为用户提供了更个性化、定制化的图书馆服务体验。相较于微信公众平台，它能更好地根据不同图书馆的特色和需求，提供特定的服务，如数据库服务、视频直播等。然而，开发这样的 App 需要较高的成本投入，包括专门的硬件设备和技术人才支持。

（三）网站服务

通过移动互联网或互联网连接图书馆网站，用户可以获得多样化的服务，包括信息查询、文献借阅、数据库服务等，这为用户提供了便捷的途径获取图书馆资源。尽管这种方式不同于 App 服务，但同样需要投入一定的开发成本，并且需要专业的硬件设备和技术支持来维护网络的正常运行。

（四）聊天服务

移动业务在图书馆服务中扮演着双重角色：一方面，它为读者提供了获取图书馆服务的便捷途径；另一方面，通过网络聊天服务等方式，构建了图书馆与读者之间更紧密的互动渠道。这种互动不仅使图书馆能够更及时地了解读者需求，提供更贴心的服务，也让读者能够快速、准确地反馈需求并充分利用图书馆资源。目前，这种服务已在许多高校和省市级图书馆中普及，为读者带来了极大的便利，而未来则有望覆盖更多的图书馆，进一步提升图书馆服务的水平和覆盖面。

二、自助服务

自助服务通过智能化技术为读者提供图书借阅服务，分为 ATM 式自助和 24 小时街区自助两种模式。ATM 式自助设备通常位于图书馆内或周围，提供借还、查询等服务；而 24 小时街区自助将服务延伸至馆外，虽然提供服务范围更广，但图书种类有限，成本较高。此外，自助服务还包括复印、打印、扫描和编辑等功能。这些服务不仅方便了读者，让其自主获取图书馆服务，也使图书馆馆员能更专注于提升服务质量，构建了服务双赢的局面。

三、讲座展览服务

《公共图书馆法》强调公共图书馆应免费向社会提供公益性讲座、培训等服务项目，这一规定为图书馆讲座展览提供了法律支持。图书馆通过讲座展览服务实现了三个关键目标：培养阅读习惯、促进公共教育和树立公共形象。这些服务不仅遵循公益性、平等性和开放性的原则，更为社会提供了一个交流平台，展示了图书馆的文化责任，丰富了当地的文化生态。

此外，图书馆讲座展览服务作为高度互动的阅读活动，可单独或联合举办，增加多样性。但目前存在讲座数量不足、质量低下、形式陈旧、吸引力不强等问题。优化形式，拓展内容，增加新形式，如流动讲座、视频讲座、读者沙龙等是解决之道。此外，图书馆可以共享资源，互相学习，根据自身实际情况开展新型讲座展览服务。图书馆的讲座展览服务与新书推荐结合，通过定期的读者沙龙促进读者交流，不局限于邀请作家，让读者自由讨论书籍内容。流动服务讲座展览覆盖基层和工厂一线，让更多潜在读者能便捷地享受服务。关注并完善不同系列的讲座展览，以满足广泛的读者需求。

四、创新创业服务

2010 年后，教育部强调创新创业教育是高等教育改革的关键，随后国家提出了进一步发展创新教育的规划。党的十八大以来，"大众创业、万众创新"成为社会风气，高校创新创业教育取得显著成效。党的二十大再次强调全面推进创新创业教育。在这样的背景下，图书馆应积极响应国家战略，推动创新创业教育，组织实践活动，培养创新思维和实践能力，并为大众自主创新创业提供支持和指导。

（一）提供信息资源

图书馆所提供的信息资源不仅涵盖基础性的文献资源，如图书、期刊、论文和专利，还包括多样化的商业信息资源，如政策文件和市场信息。通过提供便捷的信息获取途径，图书馆为读者提供了支持。

（二）创业建议与培训

图书馆不仅可以支持社会企业家和中小微企业，还能为他们提供创业咨询和培训服务。通过开设针对商业模式、策划营销和市场调研等方面的课程，图书馆提升了服务的专业性和针对性，为企业创业提供更全面的支持和帮助。

（三）专利信息服务

图书馆为创新孵化企业提供多方面的专利信息服务，如专利咨询和专利培训等，为企业提供了有针对性的指导和支持。这种服务不仅有助于企业获取知识产权信息，更能促进企业的创新发展。

（四）空间场所服务

图书馆通过其平台优势为社会创业者提供支持，提供开放的实验室、创客空间等基础场所服务，为创业者提供了发展和实践的空间和环境。

五、特殊群体服务

《公共图书馆法》要求公共图书馆应照顾特殊群体如老年人、儿童和残障人士的需求，提供相应服务和设施。然而，当前各类图书馆在特殊群体服务方面仍有提升的空间，需要加强服务意识、能力和效果，以更全面地满足这些群体的需求。

一是许多图书馆馆员服务意识不足，缺乏为弱势群体提供特殊服务的意识，认为只需完成日常业务工作，对于弱势群体的服务缺乏重视，并且存在较大的随意性。

二是许多图书馆馆员在服务弱势群体方面缺乏专业知识和技能，如对盲文排版、盲文打印机、手语沟通的了解。有些公共图书馆甚至使用对残障人士服务不了解的志愿者。这种专业知识和服务意识的缺乏可能导致对弱势群体服务的忽视，使这些群体对图书馆产生负面印象，不愿前往。缺乏针对特殊群体服务的培训也是导致图书馆服务不完善的原因之一，使得图书馆在提供弱势群体服务方面陷入被动局面。

三是图书馆在服务弱势群体时存在硬件设施不足的问题。大多数图书馆提供给残障人士的设施过于简单，对老年人和未成年人的服务也不够完善。此外，资源配置不合理，如少儿阅览室在大部分时间处于闲置状态，未充分考虑未成年人的个性需求。这些问题导致了图书馆在为弱势群体提供服务方面存在较大的不足。

提高图书馆特殊群体服务效果，需从以下几方面改善：

第一，加强服务人才队伍的建设。这包括引进具备弱势群体服务专业技能的人才或志愿者，并进行特殊群体服务技能的馆员培训。强调招聘具备特殊服务能力的人员或志愿者，以及定期举办专业知识和服务意识培训，可以提升图书馆在弱势群体服务方面的能力和水平。

第二，制定完善的规章制度对于公共图书馆的良好发展至关重要，尤其是针对特殊群体服务。在工作机制、方法和注意事项等方面建立相关规章，能够为特殊人群服务提供制度支持和依据，有助于提升服务质量和水平。

第三，加强服务设施建设是改善特殊群体服务的重要举措。这包括建立专用服务场所，针对无障碍阅览、老年人和儿童阅览等需求。通过调查了解需求合理采购设施设备，可以更好地满足特殊群体的服务需求。特殊群体积极参与并反馈服务问题，有助于全面促进特殊群体服务水平的提升。

第八章　当代图书馆服务与图书馆馆员

第一节　智力资本与图书馆服务

智力资本在知识经济中扮演着关键角色，特别是在科技迅速发展的现今。马歇尔（Mar-shall）在《经济学原理》中明确指出，对人的投资是最有价值的资本形式，因为一切价值都是由人创造出来的，没有人的劳动，就不会有任何价值产生。

一、智力资本的含义及其构成

智力资本最早由西尼尔（Senior）提出，指代个人的知识和技能。后来，加尔布雷斯（J.K.Galbraith）扩展了这一概念，将其定义为包括知识和相关智力活动，作为实现目标的手段。斯图尔特·托旦斯（Stewart Thomas）将智力资本视为能够创造财富的智力材料，包括知识、信息、知识产权和经验。他的理论认为，智力资本价值是衡量企业价值的方法，基于人力资本、结构资本和用户资本构成的"HSC"结构。智力资本在企业发展中扮演着不可或缺的角色。其核心构成包括人力资本、结构资本和用户资本。人力资本代表员工的知识与技能，为企业提供关键支持，高水平的员工技能能够提升企业的智力资本和市场竞争力。结构资本则是企业在运营中积累的知识体系，包括管理架构、技术标准等，能够显著提高企业的管理效率与生产效率。用户资本涉及对市场和客户需求的了解，企业通过积累市场信息和用户反馈，将其转化为智力资本，进而提升自身的竞争实力。这三个方面的智力资本相互作用，共同促进企业的发展和市场地位。因此，企业需要不断强化这些资本，以获得长期竞争优势。

二、智力资本对图书馆服务的挑战

智力资本在图书馆服务与管理中占据关键地位，尤其人力资本对服务质量至关重要。图书馆馆员是智力资本的核心，直接影响知识服务水平。然而，管理者面临挑战，如提升员工素质、减少人才流失等。为确保服务质量长期稳定提高，图书馆需要采取措施，激励高绩效员工，促进知识分享，以应对这些挑战。这样才能保证图书馆服务的持续发展。

在图书馆服务与管理中，结构资本是支持人力资本发展的重要保障。它涉及信息共享、知识流动、工作流程和薪酬机制等多方面。然而，优化信息共享体系和工作流程、建立科学合理的薪酬机制是图书馆面临的挑战。这些挑战直接影响组织创新性和效率，因此，如何应对并解决这些问题，对于图书馆的竞争力和可持续发展至关重要。

用户资本对图书馆的长期发展至关重要，要关注用户需求，提供多元化知识产品和优质服务。然而，维护用户资本并非易事，图书馆需面对获取准确用户反馈、调整服务内容、提升用户满意度和吸引新用户等挑战。在数字化技术不断发展的时代，图书馆必须灵活运用大数据和数字化技术，以便快速迭代和创新服务与技术，满足不断变化的用户需求，从而确保图书馆的持续发展。图书馆如何应对智力资本存在的问题和挑战，关键在于制定科学的策略和方法。这意味着图书馆要不断挖掘和创新智力资本的潜力，以提高知识服务的质量和效率。

三、图书馆智力资本开发管理的思路与对策

（一）拥抱人本管理理念，充实图书馆人力资本

即使作为非营利公共机构，图书馆也在竞争激烈的社会中承受着经营压

力。与其他机构相比，图书馆的主要资产不在于物质建筑或设备，而在于其人力资源。因此，本书的目的是探讨在图书馆管理中建立人本管理理念的重要性，以及建立科学的绩效评价体系，以更好地重视和发挥人力资本的价值。

可持续发展的图书馆视图书馆馆员为最重要的人力资本和关键资源。优秀的员工能发挥专业知识和技能，使图书馆成为成功的知识中心。图书馆管理者应将员工视为战略合作伙伴，通过劳动和心理契约紧密联系员工个人职业发展与图书馆战略，提升员工技能水平和创造良好工作环境，以更好地服务用户。

防止人才流失对于图书馆至关重要，为此，管理者需采取多种措施。这包括营造积极的工作文化氛围，提供具有吸引力的薪酬福利方案，重视员工的职业发展规划，以及促进员工参与决策。

图书馆管理需要科学的绩效评价制度，以评估员工贡献，并给予合理的报酬和奖励。在选择评估工具时应谨慎，选择最适合图书馆环境的，以确保公平和可靠性。另外，加大对人力资本的投资可以提升员工技能和工作效率，不仅增强了图书馆的声誉，也提高了用户对图书馆的信任和忠诚度。虽然这需要投入大量资金，但对图书馆的长期发展和价值而言，是必要且重要的。

图书馆管理者应重视人本管理理念，充分认识到员工是图书馆最宝贵的资源。通过投资于员工培训和建立科学的绩效评价制度，图书馆能够更有效地利用人力资源，提高工作效率和服务质量。这种方法不仅有助于图书馆的可持续发展，还有助于建立良好的服务形象，满足不断增长的用户需求。

（二）提升图书馆知识管理水平，打造良好结构资本

图书馆作为知识管理和传播的重要场所，在数字化和信息化浪潮下面临新的挑战和机遇。为了充分利用这些机遇并有效应对挑战，图书馆需不断提升自身知识管理水平。这包括支持信息技术发展、建立知识型团队、设立激励机制以及促进图书馆文化的进步。

1.信息技术

信息技术在图书馆中扮演着重要角色，为提升知识管理水平提供了多种利器。通过数字化管理，文献得以数字化存储、检索，提高了文献利用效率；

在线服务让服务更便捷高效，提升了用户满意度；数据分析则为管理者提供了更精准的决策依据；而知识共享技术则有助于促进知识交流合作，提高图书馆的创新能力和综合竞争力。

2.知识型团队

构建知识型团队是图书馆知识管理的重要手段。这种团队具备高度专业化、快速知识更新、强大协作能力和优秀学习能力。实现这一目标需要在招聘、培训、评价和激励等方面下功夫，以补充团队专业能力、提升员工素质、激发工作热情和提高工作效率。

3.激励机制

建立激励机制是推动图书馆知识管理的重要手段之一，能够提升员工积极性、创新性，提高工作效率和质量。合理考虑激励对象、方式和效果等方面，如制定薪酬政策、设置考核机制，以及激发创新思维和合作精神，对提升图书馆综合竞争力和知名度具有积极影响。

4.图书馆文化

图书馆文化是支撑知识管理的基石，涵盖着价值观、传统和规范。要建立有利于知识管理的图书馆文化，需重视知识共享、合作创新、用户为中心的服务、开放透明的管理以及创新实践。这种文化将促进员工间的学习交流，提升服务质量与用户满意度，加强与用户和社会的互动，并提升图书馆的创新能力与竞争力。

（三）以用户为中心，提高用户资本和忠诚度的图书馆服务策略

随着科技的不断进步，图书馆作为知识服务的场所和机构已经发生了巨大变革，不论是服务对象、方式、质量还是效果都有了翻天覆地的改变。然而，这些变化的核心始终是用户——用户的需求和期待。图书馆必须持续关注和重视用户需求，因为满足用户期望是它存在的根本目的和使命。

用户不只是图书馆服务的接受者，更是知识和信息共同创造与分享的参与者。以用户为中心的服务模式是图书馆发展不可或缺的组成部分。这种模式着重于满足用户需求，有助于更好地满足用户期望，建立稳定关系，增进与用户的互动与沟通，提高用户满意度和忠诚度。这样做有助于使图书馆服

务更贴近用户的实际需求，进而提升服务的质量和效果。品牌服务在图书馆发展中也扮演着重要角色，不仅塑造了图书馆的形象，也提升了亲和力。图书馆的品牌形象和服务品质对于吸引用户、建立用户信任和积累用户资本至关重要。通过品牌服务，图书馆能提升用户对其的认知和满意度，增进用户忠诚度，并吸引更多用户，构建长期稳定的合作关系。这种互动与交流不仅促进了知识与信息的创造，也提高了服务和产品的质量和效果，同时增加了用户资本，提升了用户忠诚度和满意度。

满意度和忠诚度是图书馆服务成功的关键标志，反映了用户对服务的认可和信赖。为了提高这两者，图书馆需着重建立用户中心模式，提供品牌化服务并积极积累用户资本。这意味着不断维护良好的用户关系、强化品牌形象、加强沟通，以满足用户需求，提升服务质量，从而实现更好的发展和成就。

第二节 图书馆馆员职业素质与图书馆服务

图书馆的服务质量取决于图书馆馆员的素质，而寻求提供高水准服务需要具备多方面素质的人才。尽管图书馆在努力加强人才队伍建设，但仍面临专业人才不足的挑战。图书馆馆员的专业素质、职业道德、创新能力以及对人工智能的了解和应用都是构成高水平服务的重要因素，特别是在人工智能发展的时代，这些素质更显关键。

一、专业素质

图书馆馆员是连接读者和图书馆的重要纽带，其专业素质直接决定了图书馆管理的水平和服务质量的高低。不同岗位对图书馆馆员的专业要求有所差异，然而随着图书馆职能角色的变化，图书馆馆员的角色也转变为信息服务的生产者和提供者。无论是特殊岗位还是一般岗位，信息专业素质成为图书馆馆员最关键的特质，包括对信息资源的组织、开发和导航能力。

首先，作为图书馆馆员，能够有效地对不同领域的信息资源进行分类和组织，让读者能够便捷地获取所需信息是重要的职能之一。他们通过精准的分类和整理服务，帮助读者快速定位信息。因此，图书馆馆员需要具备系统分类信息资源的能力，同时建立清晰的馆藏目录并解释资源内容、标准和特性。不仅如此，面对网络信息资源的持续增长，他们还需要处理和管理这些资源，满足读者对及时资讯的需求。为跟上信息技术的迅速发展，图书馆馆员需要不断学习、更新技能以适应这一变化环境。

其次，除了分类和组织，图书馆馆员需要具备信息资源开发的能力。他们利用新兴技术如人工智能等，对信息资源进行开发、挖掘和创新。通过了解读者需求、收集意见建议，并将其转化为更高效的服务，图书馆馆员能不断提升信息资源的权威性和实用性。例如，利用机器学习技术分析读者的阅读行为和偏好，提供更个性化的服务。

最后，在当今互联网时代，信息过于庞杂，读者很难有效地获取所需信息。图书馆馆员需要具备信息资源导航的能力，以帮助读者解决信息过载问题。通过数据整理、资料收集等手段，他们能够为读者提供多元化的导航服务，让信息获取更为高效。例如，建立高效的网络信息资源导航系统，可根据读者的不同职业和学术需求，提供个性化的专业信息服务。

二、职业道德素质

（一）图书馆馆员职业道德的特点

图书馆馆员职业道德是指在图书馆工作实践中应当遵循的规范和评价标准，代表着应具备的道德品质和行为方式。图书馆馆员的职业道德至关重要，体现在他们务实的服务态度、教育意义的传递以及科学素养的展现。

首先，图书馆馆员的职业道德应当以服务性为重点。作为服务提供者，图书馆馆员应以用户为核心，秉持服务意识，满足用户需求，并提供专业、高品质的服务。同时，他们需要保持诚实守信的原则，在服务过程中保证质量和可靠性，以提升用户体验和图书馆的信誉。

其次，图书馆馆员的职责不仅是提供图书馆资源，还在于成为学术支持的引导者。在图书馆中，他们的职业道德涵盖广泛，包括尊重与支持学术和知识自由、鼓励独立思考和学术研究，并通过教育性的角色传授信息检索和阅读技能，以帮助用户更有效地利用资源。

最后，高校图书馆馆员的职业道德要求具备科学性，因为他们在支持学术成果方面扮演着至关重要的角色。这意味着他们需要拥有深厚的专业知识和科学素养，持续学习了解最新的信息技术和文献资源发展趋势，并以此优化图书馆资源的组织和管理。

图书馆馆员的职业道德在图书馆运作中至关重要。面对多样、复杂的信息资源，需要图书馆馆员具备专业知识，避免偏见。另一方面，不同用户类型的存在要求图书馆馆员提供差异化服务以满足各种信息需求。图书馆馆员的道德品质和文化修养直接影响服务的效果和质量，因此是图书馆繁荣与发展的重要保障。

（二）图书馆馆员职业道德修养的内涵

职业道德修养对图书馆馆员来说是自我改造和完善道德素质的重要方式。它是职业道德规范转化为品质的手段，也是塑造道德形象和职业风尚的标志。中国图书馆学会于 2002 年颁布了《中国图书馆馆员职业道德准则（试行）》，旨在引导图书馆馆员的职业行为，强调了"读者第一，服务至上"作为核心。图书馆馆员的职业道德修养包括职业理想的确立、职业态度的端正、遵守职业原则、提高职业技能以及创造职业荣誉。

在图书馆工作中，职业理想对图书馆馆员至关重要。这种理想是积极向上的心态，驱使他们追求高尚的职业价值观和知识自由。图书馆馆员的责任在于传授和传播知识，引领读者探索知识世界。为了更好地服务读者，他们需不断自我学习，提高综合素质，以便更好地履行自己的使命。

图书馆馆员在职业中应保持良好态度，包括热情服务和良好沟通技巧。作为公共服务机构的重要一环，他们应全心为读者服务，认真倾听需求并提供专业建议。优秀的沟通与解决问题能力是确保读者享受高效、满意服务体验的关键。

图书馆馆员的职业道德中，遵守职业原则至关重要，包括保护读者隐私和遵循图书馆规章制度等方面。在工作中，他们应严格遵守这些原则，以保护读者的合法权益和维护图书馆的声誉。在应对各种工作挑战和职业困难时，图书馆馆员需要拥有足够的信心和勇气，坚持自己的职业原则和道德准则。

图书馆馆员的进步和发展需要不断提升职业技能。这包括图书馆事务管理知识，如馆藏管理、编目与分类、阅览室管理和服务流程。同时，整合信息资源和策划服务的能力也至关重要，以更好地满足读者需求。持续学习和更新知识、保持终身学习的心态是必要的，以适应新技术和需求的变化。创新能力同样关键，因为图书馆馆员需要不断探索新的服务方式以适应科技和社会的变革。

图书馆馆员的职业荣誉与履行职责紧密相连。他们需以高水平的职业技能和专业知识为基础，提供卓越服务。同时，团结协作和集体主义原则也至关重要。团结协作意味着积极融入团队、合作完成任务，并相互学习、互相支持。集体主义要求图书馆馆员关注集体利益，超越个人主义。只有如此，他们才能赢得读者和社会的信任与尊重，实现职业价值和成就感提升，并为图书馆事业的发展作出积极贡献。

（三）图书馆馆员职业道德修养提升的途径

提高图书馆馆员的职业道德素养是多方面努力的结果。

第一，正面教育是提升图书馆馆员职业道德水平的重要途径之一。通过多样化的培训、讲座和学习班等方式，其目的是让图书馆馆员深刻认识职业道德的重要性，充分了解道德内涵和外延，从而树立正确的职业道德观念。同时，指导他们深入了解图书馆的服务对象和服务宗旨，以更好地服务读者，同时维护图书馆的公共形象。

第二，理想信念教育在提升图书馆馆员职业道德方面起到关键作用。通过传承和阐述先进人物的事迹和思想，旨在塑造图书馆馆员的道德情操和责任感，激励他们做出正确的职业选择和行为。同时，学习先进事迹也有助于引导图书馆馆员养成爱岗敬业、勤奋务实、开拓创新的优秀品质。

第三，在提升图书馆馆员职业道德方面，典型教育发挥着重要作用。通过肯定先进个人和集体的表现，激励其他人以他们为榜样，从而使图书馆馆员更深刻地理解职业道德的重要性，并加强自我约束。除此之外，强调将典型事迹传承下去，倡导团队合作和共同进步的理念，有助于推动整个图书馆事业的健康发展。

第四，图书馆馆员提升职业道德的有效方法是将学习的职业道德规范与实际工作相结合。学习规范有助于培养正确的职业行为准则，而将其应用于实际工作中则能提升职业自律和专业素养。

第五，提升图书馆馆员职业道德的关键手段包括法律规范和职业道德评价。遵守法律规定是基础，要求图书馆馆员避免违法行为；而职业道德评价则对其行为进行监督和评价，针对不符合规范的行为进行批评和教育，以加强职业道德自律和责任感。

第六，建立读者监督机制是提高图书馆馆员职业道德的重要方式之一。

这一机制通过建立投诉和反馈渠道，允许读者对图书馆馆员的服务进行监督和评价，有效推动图书馆馆员加强职业道德修养，提升服务质量。读者的监督和反馈能够激励图书馆馆员更好地适应读者需求、提供更优质的服务，促进图书馆行业的健康发展。

图书馆馆员职业道德修养的提升不仅是个人问题，还关系到整个行业的发展与进步。因此，重视图书馆馆员的地位和待遇至关重要，这为图书馆事业的长远发展打下坚实基础。同时，提高图书馆馆员的专业发展水平，提升其职业素质和能力，让他们能更好地服务读者，促进图书馆事业的繁荣发展。

三、创新素质

21 世纪是智能化时代，图书馆馆员在知识经济和信息技术的浪潮中面临着新的挑战和机遇。信息技术的快速演进正在深刻地改变着图书馆馆员的工作方式和思维模式。计算机、通信、网络和数字技术的发展不仅带来了文献信息管理模式的变革，也要求图书馆馆员具备全新的能力和素养来适应这些变化。因此，图书馆馆员需要不断更新自己的知识和技能，以更好地适应这个信息爆炸的时代，为社会提供更优质的服务。

（一）智能图书馆对图书馆馆员个性品质的要求

智能图书馆是基于人工智能和大数据技术的新型图书馆，其目标是为读者提供更智能化、个性化的服务。然而，实现这一目标并非仅靠技术，图书馆馆员的素质和能力也至关重要。他们需要具备更高水平的专业知识和技能，以适应并发挥这些新技术的优势，为读者提供更优质、更贴近需求的服务。因此，智能图书馆的发展需要注重培养图书馆馆员的综合素质，使其具备应对新技术挑战的能力，以推动智能图书馆的建设和进步。

智能图书馆中的图书馆馆员需要具备多样化的个性品质，以适应不断变化的服务环境。首先，他们必须拥有持续学习的能力，不断获取新知识，紧跟数字化技术的最新进展，以保持专业素养和竞争力。其次，灵活性是必不可少的品质，使他们能够迅速适应快速变化的服务需求和技术变革。第三，合作精神同样重要，他们需要与其他部门人员紧密协作，共同完成各项工作任务，推动团队合作和整体效能。此外，智能图书馆馆员还需要具备智能开发的能力，善于利用计算机技术开发新的数字化服务和功能，以提升用户体验。保持人文关怀和关注读者需求也是必备品质，推动图书馆服务更加人性化。最后，创新能力是关键，他们需要不断提出新的想法和解决方案，推动智能图书馆的创新发展，以适应不断变化的用户需求和技术进步。这些多元化的品质共同构成了智能图书馆馆员所需的关键素质，使他们能够胜任日益复杂多变的工作环境，推动智能图书馆的发展与创新。

智能图书馆馆员在担任职责时需要具备深入的专业知识和技能。他们必须深入了解智能图书馆的技术和系统，熟练运用各类数字化工具和技术，有能力设计和实施多样化的智能图书馆服务和功能。此外，良好的沟通能力和服务意识也是不可或缺的品质。智能图书馆馆员需要与读者、技术人员以及其他职能部门进行良好的协作与沟通，以确保高质量的服务和全面支持。这些专业知识、技能和交流能力构成了智能图书馆馆员工作中不可或缺的重要元素，使他们能够在智能图书馆环境中充分发挥作用，提供多样化且优质的服务。

智能图书馆馆员在工作中需要遵守一系列职业道德和行业标准。他们的行为应该以读者为中心，尊重读者的权利和需求，保护读者的隐私和安全，积极提供服务和支持，不断提升自身的服务水平和质量。同时，智能图书馆馆员也必须严格遵守相关的法律法规和行业标准，确保图书馆资源和知识产权得到充分保护。遵守职业道德准则，预防并防止出现违法或不当行为，是智能图书馆馆员职业素养的重要组成部分。

在迎接智能图书馆时代的挑战中，图书馆界迫切需要加强人才培养。不仅需要为现有员工提供更新知识和技能的培训，也需要招募新人才，并为他们设计具有针对性的培训和发展计划。通过这些努力，图书馆可以确保员工具备竞争力和适应性，更好地满足用户对智能服务的需求。

智能图书馆的崛起为图书馆馆员的素质和能力提出了更高的标准。这意味着智能图书馆馆员需要具备多方面的个性品质和专业技能，同时遵守职业准则，以提供卓越的服务和支持。为了培养出优秀的智能图书馆馆员，图书馆必须加强员工的培训和教育，提升他们的专业素养和竞争力，从而促进智能图书馆的健康发展。

（二）智能图书馆馆员创新个性品质的培养

在知识经济时代，创新是核心。技术进步和智能图书馆的发展都根植于创新。人才是成功的关键，对于图书馆来说更是重中之重。因此，图书馆应该高度重视人才建设，特别注重培养图书馆馆员的创新品质，以推动行业的进步和发展。

首先，在适应未来问题解决需求的背景下，创新性学习显得尤为重要。对图书馆馆员而言，面对信息技术迅速更新、知识不断变化以及市场竞争日趋激烈的形势，仅仅停留在传统的知识获取已不够，需要转向创新性学习，持续不断地进步。智能图书馆服务内容的转变也要求图书馆馆员具备更全面的知识揭示能力，这需要他们不断积累知识，从广度到深度，成为特定领域的专业信息专家。

其次，在智能时代，图书馆馆员需要发展创造性思维，这是智慧和创新的核心，具备独创性、灵活性和跨越性。其重要品质包括敏锐的判断、想象和分析能力，以应对信息资源处理、个性化服务，并创造高附加值的知识产品以满足用户深层次需求。因此，创新思维是智能图书馆馆员不可或缺的重要特征。

最后，在智能图书馆时代，图书馆馆员应通过创新实践不断适应新兴需求。智能图书馆实践被认为是塑造图书馆馆员创新个性的重要途径，是刺激创新能力发展的动力源，也是检验创新活动成果的唯一标准。通过实践，图书馆馆员不仅能够获取新认识，还能够不断优化自身的知识结构，提升创新能力。智能图书馆馆员创新实践能力，需通过建立有效的竞争与合作机制、提高馆员的信息素养、深入与用户交流，以及不断提升专业技能来实现。

培养图书馆馆员创新品质，还应提供以下外部环境：

首先是竞争机制。竞争能够激发人的内在潜力，提高个体的能动性，为个性张扬提供了展示的平台。特别是在引入优秀人才与竞争机制相结合的情境下，图书馆馆员的想象力与创造力得到释放，积极性和主动性得以调动，进而推动创新品质的培养和形成。

其次是合作机制。在智能图书馆建设中，图书馆之间和图书馆馆员之间的联合与协作十分重要。通过馆员之间的积极交流学习，提升技术水平和文化素养，促进智慧碰撞，激发创新意识。智能图书馆作为信息经济与知识经济时代的代表，图书馆馆员作为推动者直接影响着其效率与质量。人与自然的和谐发展，以及科学精神与人文精神的统一是智能图书馆发展的关键。在个性品质的发展中，图书馆馆员应持续探索、完善，并勇于创新，以适应智能图书馆的发展需求

四、人工智能相关素质

（一）人工智能技术背景下图书馆馆员面临的机遇和挑战

人工智能技术的兴起为图书馆服务带来了新机遇，特别是对图书馆馆员而言。首先，在减轻图书馆馆员工作负担方面发挥了显著作用。传统图书馆工作涉及书刊采编、典藏、流通、咨询反馈等大量重复性工作，这些任务通常不需要过多智力投入，但具有强烈的规则性。通过人工智能的信息处理，这些具有程序性和规则性的工作可以被高度自动化。人工智能在一定程度上能够帮助图书馆馆员快速完成这些任务，提高工作效率和工作质量，从而有效减轻了他们的工作负担。其次，在降低图书馆馆员体力劳动方面，智能物流和整理机器人的引入使得图书馆馆员能够摆脱辛苦的传统工作，将注意力更多地投入到提升服务能力上；再次，在提高工作效率方面，人工智能和互联网的应用拓展了文献和资源的范围，极大地提高了图书馆馆员的工作效率；最后，在提升工作层次方面，人工智能技术为图书馆馆员创造了更多高层次的工作机会，使其参与教育、情报分析等更具挑战性和价值的工作。总的来说，这些技术的引入不仅提升了图书馆的整体服务水平，也为图书馆馆员提供了更广阔的职业发展空间。

随着科技不断进步，人工智能技术在图书馆行业带来了革新，为图书馆馆员提供了便利和机遇。然而，这也伴随着新的挑战，最显著的是可能被人

工智能替代的风险。首先，人工智能技术的迅猛发展对图书馆馆员职业产生了深刻影响，最为突出的是可能被人工智能替代的问题。图书馆的基础工作，如图书分类、数字化、检索和阅读推荐等，正在面临被高效智能系统取代的挑战。这不仅使图书馆馆员的工作岌岌可危，还在数字化时代中进一步降低了图书馆的吸引力。为了适应这一变革，图书馆馆员需要不断提升自身技能，同时积极寻找与人工智能技术的结合，以保持在数字时代中的重要性。其次，人工智能技术的涌现使得图书馆馆员面临工作方式的根本性变革。传统上，他们主要负责图书馆资源的管理、为读者提供信息查询服务、推荐阅读和组织文化活动等任务。然而，随着自动化和数字化的普及，这些工作逐渐被智能系统替代。图书馆馆员必须迎接这一挑战，通过学习新技能，充分发挥自身专业知识和创造力，以在人工智能时代中保持其职业存在感。

在人工智能时代，图书馆馆员应积极参与读者互动，提供卓越服务和丰富体验，同时通过拓展服务范围和文化活动促进读者与图书馆之间的紧密联系。随着人工智能技术的演进，读者对图书馆的期望不断提升，追求更迅捷便利的信息获取同时寄望图书馆馆员能够提供更丰富的阅读建议和支持。为此，图书馆馆员需要深刻理解读者需求，持续学习新技能，提高专业水平，并掌握数据分析和处理技能，以提供更加个性化和定制化的服务。这是适应科技发展的必然要求，也是图书馆在数字时代中保持不可替代性的关键。

（二）人工智能时代下图书馆馆员应具备的能力

人工智能和数字化的快速发展对图书馆馆员的信息处理和服务提出了新的要求。尽管计算机和网络技术仍然是不可或缺的核心技能，支持着图书馆馆员进行数字信息的采集、储存和服务等基础工作，但在人工智能时代，图书馆馆员需要不断提升自己的能力，以更好地应对新兴的挑战和机遇。

1.信息处理能力

随着人工智能时代的到来，信息处理能力已经成为图书馆馆员不可或缺的关键技能。信息量的急剧增加和更新速度的飞快提升要求图书馆馆员具备高效的信息处理能力。他们需要快速处理、分析和储存大量数据，以确保图书馆资源能够快速、准确地满足用户的需求。

2.创新创意能力

随着信息技术的飞速发展，图书馆不仅是知识的仓库，更是应对新时代挑战的创新枢纽。信息爆炸和用户需求的多样性使得图书馆馆员需要具备创新创意的能力，以迅速适应并满足不断变化的服务需求。在这个动态环境中，图书馆馆员的学习和探索不应止步于过去，他们需要紧密关注新技术和研究成果，并将其灵活应用于实际工作中，以确保图书馆始终为用户提供符合时代潮流的高效服务和资源。

3.法律素养

随着信息数字化的推进，图书馆馆员在数据处理和管理中扮演着关键角色，需要具备扎实的法律素养。特别是在处理用户数据和数字化资源时，他们必须了解有关数据隐私、版权、用户数据共享以及知识产权等方面的法律法规。这不仅确保了用户信息的私密性和安全性，也保障了图书馆数字化资源在合法范围内的保护和使用。因此，图书馆馆员的法律素养是确保信息处理合规、服务可持续发展的关键要素。

4.积极适应和发展能力

图书馆馆员在面对快速变化和未来的挑战时，应具备积极适应和发展的能力。他们不仅需要紧跟新技术和发展趋势，保持敏锐的洞察力和开放的思考，还应不断提升个人专业技能，以更好地迎接人工智能和数字化进程带来的各种挑战和机遇。通过实践和研究，图书馆馆员可探索新模式和新技术，寻找适合图书馆转型和发展的可行之路，确保图书馆在不断变革的环境中保持活力。

综上所述，人工智能时代的图书馆馆员应当具备多方面的能力，包括信息技术能力、创新创意能力、法律素养以及积极适应和发展能力。这些能力将帮助他们更好地应对新时代的挑战和需求，提供更高效、高品质的信息服务。图书馆馆员需以用户需求为导向，关注行业的发展和趋势，不断更新自己的知识和技能。只有通过这样的努力，他们才能推动图书馆数字化和智能化的转型与发展，确保图书馆在迅猛变革的环境中持续发挥重要作用。

第三节 图书馆服务补救策略

图书馆服务一直以读者为核心,从早期的"一切为了读者"到现代的"读者第一",服务方式也随之演变。然而,在追求至诚、完美服务的过程中,无论是传统的面对面服务还是现代的人机交互,都难免出现疏漏和失误,导致读者不满。因此,正视并认识读者不满,采取适宜的服务补救策略,不仅能提高服务质量和读者满意度,还能建立读者的忠诚度,是现代图书馆不可忽视的重要任务。

一、读者不满的原因分析

读者在图书馆使用资源和接受服务时产生的不满情绪直接反映了他们真实的需求以及图书馆在资源和服务方面的缺陷。不满情绪是读者心理行为的表现,其原因既有主观原因也包含客观原因。

（一）主观原因

读者对图书馆的不满主要有三方面:首先,读者的诉求未能及时得到关注,导致其精神不愉快,产生不满情绪;其次,读者对图书馆的规章制度、服务项目、检索程序和设施不够熟悉,导致无法正确使用服务,进而产生不满情绪;最后,读者自身的原因,如性格和情绪状态,往往决定了其对外部事物的要求,苛刻的要求容易导致不满。

（二）客观原因

图书馆馆员服务问题主要表现为职业道德和服务意识的缺失,导致以自我为中心、冷漠的态度和服务失误。不畅的沟通也容易造成读者误解。服务产品方面,无论是实体资源还是无形的服务产品,都直接影响着读者的满意度。此外,服务人员、环境和制度的问题也在某种程度上决定着读者的体验。

瞬间的服务质量直接影响读者的满意度，例如，不耐烦的回答、等待时间过长等都是造成不满的原因。最后，读者的期望值管理也至关重要，过高或过低的期望值都可能导致不满情绪的产生。

二、图书馆服务补救的必要性

（一）读者不满产生的后果

服务失误引发的读者不满可导致两种反应：保持沉默和采取行动。有目的的抱怨是追求问题纠正，而无目的的抱怨是一种情绪释放机制，寻求他人认同。抱怨者被认为更聪明，但无论有无目的，抱怨对图书馆形象有显性和隐性的负面影响，可能导致读者流失和破坏口碑。调查表明，不满消息呈几何级数传播，一位不满意的读者可能传递负面信息给 10～20 位同学和朋友。读者作为挑刺者对图书馆发展至关重要，图书馆的生存基石在于满足读者需求。

（二）图书馆服务补救的必要性

由于读者多样性和服务的易变性，服务人员难免在与读者互动中出现失误，导致读者不满。在这种情况下，图书馆需要采取服务补救措施，通过第二次服务减少负面影响，保持读者满意度，留住读者。服务补救是图书馆为读者提供具有补救性质的第二次服务，旨在与读者建立共识，提升信誉度和满意度，并通过此过程发现并改正服务中存在的问题，提高整体服务质量。

三、图书馆服务补救策略

（一）服务补救的原则

1.及时性原则

无论图书馆服务失误的原因是来自图书馆还是读者，图书馆都应迅速解决问题。解决越快，补救效果越好。若无法立即解决，应及时告知读者原因和处理情况，以避免再次引起不满。快速补救不仅表现了图书馆对读者利益的真正关切，还建立了读者对图书馆的信任和信心。这种迅速应对能够树立良好的社会形象，提高图书馆的信誉度。

2.主动性原则

在面对劣质服务时，读者可能产生消极情绪，因此，图书馆服务人员在进行服务补救时应采取积极主动的措施。首先，通过主动道歉展现图书馆的诚意。其次，通过紧急复原行动纠正服务失误，向读者表明抱怨受到了重视。最后，服务人员应表达同情和关心，理解读者的情感，让读者感受到图书馆对其关切，从而建立相互尊重的基础。这些措施有助于化解消极情绪，建立良好的读者与图书馆关系。

3.区别性原则

在图书馆服务中，服务人员会遇到情绪易变、刻薄、挑剔的少数读者，他们经常表现为不满并提出抱怨。对于这类读者，服务人员应采取差异化对待的策略，客观准确地反思在服务过程中的错误，并根据具体情况进行处理。这样的处理方式有助于有效解决这类读者的抱怨问题。

4.公平性原则

读者投诉时追求公平对待，期望投诉结果与其不满水平相符。他们希望通过公平的交换感受到图书馆为改正错误采取了行动。因此，图书馆应该为读者提供可选择的补偿方式，以更好地提升读者的满意度。这样的举措有助于建立良好的读者与图书馆之间的关系。

（二）服务补救的措施

图书馆服务的特点决定服务质量受到错综复杂的因素影响，而服务失误在提供服务产品的过程中是不可避免的。读者在服务失误发生后，期望图书馆能积极响应并妥善处理，无论是否提出不满。因此，图书馆应对服务失误有承担责任的态度，善于把握提供服务补救的机会，以重建读者的信任。完善的服务补救策略体系是各种策略协同发挥作用的综合体。

1.避免工作失误

不同于有形产品，许多服务无法重新生产，因此服务补救只能在精神层面进行。因此，服务质量的关键在于一开始就要做好，而可靠性是最为重要的服务质量标准。图书馆需要建立系统来跟踪和识别服务失误，将其作为维护和挽救读者与图书馆关系的重要工具。有效的服务补救策略需要通过听取读者意见确定服务失误，并主动查找潜在的服务失误。

2.建立读者投诉激励机制，欢迎并鼓励读者投诉

当读者感到不满时，图书馆应该迎接而非回避，鼓励读者投诉，并将不满的读者视为朋友。图书馆应提供多样的投诉渠道，同时鼓励员工主动报告读者不满和服务失误的原因。鼓励抱怨也包括引导读者如何有效表达不满，因为有时候读者可能不清楚应该向谁反映、投诉的过程是什么。为了方便读者，图书馆可以通过留言板、E-mail、电话等方式确保读者能够轻松找到接受投诉的机构和人员。

3.快速反应

面对用户不满，图书馆需要有心理准备，并迅速采取行动。研究发现，及时处理投诉可以留住更多不满意的读者，相反，反应缓慢，即使问题解决也会导致较低的读者满意度。图书馆对问题的快速反应将传达给读者更多满意的信息，从而提高服务质量。

4.公平对待读者

读者投诉时期望得到公平对待，包括过程、相互对待和结果公平。过程公平需有标准规章程序和明确时限，采取行动证明对抱怨的重视。相互对待公平是指需要诚实、细心和有礼貌地对待。结果公平意味着处理结果与不满意水平相匹配。图书馆在处理投诉时应注重与读者沟通，树立诚实、负责的形象，提高读者对图书馆的信任度。同时，读者投诉的信息可用于改进服务过程，通过追踪服务补救过程，发现并改进系统问题。

5.总结服务失误和补救案例，改善服务规范和行为

为了处理读者抱怨和制定服务规范，图书馆应建立服务补救数据库，总结以往服务失误案例，分析失误原因、补救方式和读者反馈。对服务失误进行记录、分析和防范，避免同类失误再次发生，特别是在同一读者身上。通过实施服务补救和改善服务规范和行为，图书馆将提高读者使用意愿和忠诚度，从而提升信誉和社会形象。

四、影响图书馆服务补救策略的因素

（一）服务承诺

服务承诺是图书馆补救过程中的有力工具，尽管服务产品与实物产品不同，无法调换或退货。图书馆服务承诺通过公开服务内容、标准、时限和接受监督的方式，具有契约性、规范力和约束力，不仅作为营销工具，同时在组织内定义、培养和维护服务质量，明确了图书馆馆员和读者的权利与义务，实现自觉接受读者监督。

（二）服务文化

服务文化是图书馆内部共同的价值观和规范的集合，为图书馆馆员提供行为准则，实现"以读者满意为目标"的文化理念。通过建立"读者至上"的观念，了解读者需求，提供优质服务，服务文化成为图书馆服务过程中形成的理念和职业观念的总和。内化服务文化能够激发员工的积极性和创造性，使服务从无序到规范、从被动到主动，达到创新服务的目的。服务文化通过深层次的管理规范员工行为，使他们站在社会和读者的角度，不断提升服务品位。

第九章　大数据环境下图书馆服务模式创新的发展方向

图书馆的演变从传统的藏书服务到知识服务，再到如今的大数据时代，充分体现了社会生产力的变化和社会生产关系的辩证发展。服务不断创新，大数据时代使图书馆服务朝着新的方向迈进，适应时代潮流，更好地满足用户需求。

国家政策为图书馆服务提供了全面的行动指南，覆盖了多个领域。用户需求成为服务变革的核心，尤其在大数据时代，用户对信息的需求更为复杂，对服务质量的要求更高。服务创新的挑战在于在满足用户需求的同时，实现个性化、精准化、创新化的服务。理论的交叉融合是服务变革的支点，各种理论与图书馆服务相互融合，推动了服务创新的实践。技术的迅猛发展是服务变革的支撑，特别是大数据技术的运用改变了原有的服务方式。图书馆的最终目标是履行社会责任，为公众提供符合国家社会期望的创新文化服务。在这一系列因素的共同作用下，图书馆服务呈现出精准、个性、知识、智慧、开放、融合等多方面的发展趋势。

在当前的态势下，图书馆创新服务可能朝以下几个方向发展：

图书馆服务正在迎来转型期，以知识增值和创新为核心。新理论和技术的融合推动图书馆服务从科研到决策的提升，同时学科服务站位不断升级。智慧技术的融合，包括数据挖掘、虚拟现实、智能机器人，正在改变服务方式与质量。未来，5G 技术将为用户带来更优质的体验，同时推动智慧城市的发展。图书馆将以更开放的姿态，满足人们不断增长的美好生活需求，提供更深度的资源和空间服务。

知识服务的常态化、智慧技术的可拓展性和开放服务的宽容性共同促成了图书馆服务与新学科范式、政策理念的融合，产生了数字人文与文旅融合的新趋势。数字人文为图书馆引入新的方法和项目窗口，文旅融合则为图书馆服务注入新的动力。数字人文技术将在图书馆领域推动专业理论建设和产业孵化，同时反哺学科建设并促进产业进步。这些趋势不仅提升了原有受众服务体验，还广泛吸引其他领域的用户，不断拓展服务边界，提高了图书馆的整体服务能力。

在大数据环境下，图书馆创新服务体系的演进是由多方面因素推动的逐步过程。国家政策、新技术、社会责任和用户需求的变化共同推动了图书馆服务质量的提升。在这个框架中（见图9-1）可以看出，图书馆日益开放，知识服务成为资源服务的基础，支持后续新服务的推出。大数据技术和智慧技术的发展深入人心，推动图书馆智慧服务领域不断扩展，涉及知识数据、数字人文、数字文旅融合等跨界尝试。高校图书馆的学科服务也在逐步发展。新理论、新学科、新范式的融入推动图书馆创新服务不断提升到更高水平。

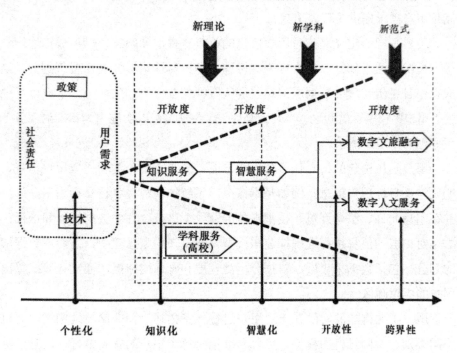

图9-1　大数据环境下图书馆创新服务体系的发展趋势

第一节　大数据环境下图书馆用户需求的变化

一、从"用户需求"到"用户画像"

中国互联网络信息中心发布的统计报告显示,我国网民规模在 2022 年 12 月达到 10.67 亿,互联网普及率提升至 75.6%。面对庞大的网络用户信息需求,以往处理用户需求的方法相对粗放,主要通过归类和群落推送等方式。然而,对于用户需求的精细化识别仍存在难题,难以区分用户差异和预知长期需求变化轨迹。因此,需要采取创新方法来弥补这一缺陷。

Alan Cooper 首次提出的用户画像概念,又称为"用户肖像"或"用户角色",为大数据环境下的用户需求提供了全新的框架。通过用户画像,可以建立更为生动、全面、精准的模型,准确地表达用户的多元诉求,为理解和满足用户需求提供了有力工具。

用户画像的定义涵盖对用户信息的收集、提取和筛选,以形成描述用户基本情况、需求偏好、社交行为等标签。通过对这些标签进行层级划分,形成有序且逻辑合理的数据层。这些层级数据相互作用,生成一个虚拟世界中的"用户"模型。借助这一"真人画像",图书馆可以实施更为精准的服务,更好地满足用户需求。

用户画像构建的核心任务分为两方面:一是正确分类和提取用户信息,明确定义目标用户信息,例如基本情况、系统访问痕迹、社交行为偏好等,并在用户允许、法律许可、技术支持的背景下进行合理的数据抽取和挖掘;二是对提取的信息进行准确描述与模型搭建。在模型搭建中,需考虑数据层的划分,包括数据采集层、数据分析处理层和画像构造层,通过计算推算出用户的虚拟画像。

用户画像构建的实质在于对用户进行标签描述,而非简单地归类。通过不同类别、不同维度的标签,可以精准描绘每个用户的真实偏好,同时察觉相同用户群体的共性需求,从而预测用户及用户群体的后续需求变化。

二、大数据环境下用户画像对图书馆创新服务发展的启发

随着数字技术和网络技术的迅猛发展，用户在互联网世界中的活动变得自由而广泛。然而，用户行为的复杂性、多样性以及难以预测性成为挑战。作为公共文化服务机构，图书馆在大数据环境下应当具备准确把握用户需求、追踪用户行为的觉悟与职责，以实现对用户信息需求的精准对接。

（一）"大数据、微粒度"情境下的馆藏资源购置工作

图书馆馆藏采购工作是图书馆年度工作的头等任务，涉及大量的资源购置经费。近年来，随着用户对信息资源需求的不断变化，图书馆在面对有限经费的情况下，需要更加精准和个性化地选择纸本资源和数据库。传统的分类方法已经不能满足需求，馆藏资源组织的力度需要更加细致。在这个背景下，用户画像成了一个重要的工具，通过标签为"组织细胞"的用户画像，图书馆可以深入挖掘用户的资源需求，从个人到群体推导出读者的资源偏好，为馆藏资源的采购提供有力依据。这也使得用户以数字化的形式参与到馆藏资源的建设中。

（二）"全民阅读、文化自信"愿景下的阅读推广工作

"全民阅读"成为 2020 年政府工作报告中的重要内容，凸显了坚定文化自信的决心。习近平总书记在 2019 年给国家图书馆老专家的回信中强调了图书馆需要创新服务方式，以推动全民阅读。此外，全国国民阅读调查结果显示，2019 年中国成年国民综合阅读率略有提升，达到 81.1%，数字化阅读方式的接触率也呈上升趋势，表明数字化阅读在全民阅读中的重要性逐渐凸显。

运用大数据思维、技术和方法对全民阅读工作进行推广是一种有效的手段。通过建立用户画像，可以预测用户潜在的阅读需求，有针对性地组织文化活动，提高参与度。同时，通过分析用户在画像中的反馈表达，可以及时调整和改进服务策略，从而提升整体阅读体验。

（三）"人＋资源＋空间"理念下的空间改造工作

过去，图书馆建设主要关注资源这一方面，但随着现代图书馆理论的拓展，"人"的元素逐渐成为主导因素。以"以人为本"的服务宗旨为基础，图书馆开始注重读者对空间体验的需求。现代图书馆建设将人、资源、空间三者作为不可或缺的"三原色"，使图书馆成为人类生活、工作和学习中不可或缺的第三空间。

大数据不仅引领了图书馆资源和读者服务方式的变革，还重新定义了图书馆作为一个"虚实交互"的独特空间。用户画像中的情境偏好数据显示，读者不再将图书馆仅仅视为阅读场所，而是期望在这里获得更多的空间体验。近年来，智慧图书馆、创客空间和虚拟现实空间逐渐成为各大图书馆改造建设的"期望图纸"中的重要元素。

三、大数据环境下图书馆用户需求的未来变化趋势

在大数据环境下，从平面的用户需求跟踪逐渐演变为立体化的用户画像表达。用户需求呈现多元化发展趋势，这些趋势将对未来图书馆工作的建设与规划产生深远影响。

（一）个性化需求

在大数据时代，数据呈爆炸式增长，为用户提供了巨大的知识性便利，但也带来了信息焦虑。用户急切期望在海量数据中快速找到所需信息，而图书馆则需要将目标信息精准推介给需求者。个性化服务成为解决方案，能够帮助用户有效隔离无效信息，提高检索效率，提升用户好感度。同时，对图书馆而言，个性化服务提升了推介效率，避免了资源的"错位"投递，更好地展现了图书馆服务水准。

在未来的图书馆服务中，个性化服务将是业务评估的关键因素，其思想将贯穿图书馆各个服务环节。在馆藏资源建设中，充分评估用户的个人需求，采购符合用户需求的资源是提高后续资源利用率的关键。如果忽略用户的个

性化资源需求，那么所有业务都将失去基础。在资源利用和阅读推广服务中，根据用户个体需求差异精准推送将是取得成效的关键。个性化服务源于大数据时代，服务于大数据工作，将成为衡量图书馆"人本"思想的重要尺度。

（二）知识化需求

知识服务作为图书馆大数据服务中的一个重要话题，在经历了几代图书馆的迭代进化后，即使在如今备受瞩目的"智慧"和"人工智能"服务中，依然保持着持久的光芒。

知识服务源于文献服务和信息服务，其核心在于将知识、能力、资源和过程有机融合为服务形式。文献服务专注于提供现有文献，信息服务致力于传递图书馆馆藏内的有效信息。然而，在大数据时代，用户对于信息的需求已经超越了固化的资源，更倾向于深层次、富有内涵的服务。知识服务通过大数据技术整合了结构化、半结构化、非结构化的信息资源，进行深度加工，形成有价值的知识资源，以满足用户更高层次的需求。

（三）智慧化需求

"智慧地球"一词最早由 IBM 前任董事长彭明盛于 2018 年提出，随后，这一概念被广泛应用于各行各业，引发了持续的"智慧热"。在图书馆行业，出现了以数字化、网络化、语义化、智能化为主要标签的"智慧图书馆"概念，并且智慧服务开始逐渐渗透到图书馆的各项工作中。

智慧图书馆是在数字图书馆和移动图书馆基础上进行的升级与迭代，除了必备的数字技术、网络技术和大数据技术服务外，智能化技术是其最显著的驱动力。在智慧图书馆的建设中，强调技术与人文的融合，追求智能与智慧的统一。

智慧服务是知识服务与智能服务的高级状态，代表了图书馆用户创新服务的最高追求。智慧服务的实践包括图书馆智慧空间、智慧阅读、智慧咨询、智能打印、人工智能馆员等。

（四）开放性需求

图书馆的开放性问题包括空间和资源两个方面。在空间开放上，公共图书馆应当一直秉持"图书馆是一个开放的知识与信息中心"的初心，为社会公众提供服务。目前，一些高校图书馆已经尝试向社会开放，承担自己的社会责任。在大数据环境下，资源开放使用问题备受关注，解除时空和身份限制，安全自由地获取图书馆资源成为各图书馆共同努力的方向。

（五）跨界性需求机制

大数据为图书馆带来了丰富的资源和服务手段，促使图书馆进行转型升级。然而，也面临尴尬局面，因为图书馆不再是唯一可以获取图书信息资源的空间，也不能仅提供单一化的服务内容。在这种情况下，图书馆需要主动出击，寻求跨界合作，拓展业务范围，革新服务方式，以提升服务形象并更广泛参与社会事务。

各级各类图书馆正在积极通过跨界合作寻找发展突围方向。其中，与旅游业合作推出"文旅融合"新模式，让文化浸润历史与自然，焕发生机。图书馆通过改变传统信息服务方式，采用"互联网＋""大数据＋"的合作模式，与商业、教育、行政机构联动，提升公众文化品位，拓展知识边界。同时，备受关注的"数字人文"合作，利用数字技术解析人文知识、保护历史文化遗产，提高社会关注度，也是图书馆创新服务的一部分。

四、用户画像视域下的图书馆创新服务发展策略

（一）开展基于用户画像的馆藏资源动态建设

用户画像是一个动态的、需要长期追踪的虚拟模型，与此同时，图书馆馆藏是一个需要长期建设、动态发展且结构相对稳定的资源体系。通过一定的关联方式，可以实现用户画像和图书馆馆藏在发展上的统一。

首先，建立基于"用户画像"模型的数据库。用户画像是由大量数据标签汇集而成的，这些数据不仅构建用户画像，还可以用于建立用户画像数据

库，以便随时抽取和调用。

其次，建立由"用户画像"衍生出的"资源画像"。通过抽取用户画像数据库的资源偏好标签，按照一定的关联规则将所有用户的这些标签汇聚成图书馆总体用户需求，形成本馆的"资源画像"，反映宏观上的资源采购方向。

最后，设计基于"用户画像数据库"的智能读者荐购系统。该系统能够根据用户的借阅情况，推荐其感兴趣的资源；根据用户主动表达的购书期望，制定近期采购计划；通过分析其他相似用户的阅读习惯，揭示其隐性资源需求。所有这些功能都能通过读者荐购系统实现。

（二）开展基于用户画像的分众式阅读推广工作

图书馆通过阅读推广工作激发馆藏活力，直接与用户互动。依托用户画像模型，图书馆能够实施基于分众传播的精准文化推广活动。

首先，通过用户画像模型，实施个体化的阅读推广。鉴于不同用户对大众传播有差异的需求与反应，特别是小众用户可能有独特的阅读需求，可以利用其画像数据，开展专注于小众阅读需求的推广活动。

其次，利用群体用户画像进行群体阅读推广。尽管每个用户都有独特的阅读需求，但通过用户画像大数据的关联，仍可计算出群体间的共同兴趣。基于这一结果，可以进行群体阅读推广活动，旨在最大程度地推动文化传播效益。

（三）开展基于用户情境偏好的空间再造工作

用户画像标签包含情境偏好数据，记录用户对图书馆场景的喜好、到馆时刻、来馆天气、来馆时长、陪同人员等情境信息。这些数据可为图书馆空间改造提供支持，通过分析这些情境偏好数据，发现用户在不同场景下的行为规律，进一步优化图书馆的空间布局和服务内容。

通过考虑用户的场景喜好程度，可以确定空间扩充的类型。例如，如果用户倾向于放松舒适的学习环境，可以考虑增加休闲阅览区；如果用户喜欢朗诵，就可以考虑增加有声区。

通过分析用户的来馆记录，可以拓展空间的功能范围。例如，如果大量用户携带子女进馆，可能表示对亲子阅读空间的需求旺盛；如果用户留馆时间过长，可以考虑设立轻食售卖区；夜间用户较多则需要保证空间照明的达标。

（四）开展基于科研用户个性需求的学科服务工作

高校图书馆学科服务的创新路径在于充分利用用户画像模型。通过科研用户画像，图书馆能深入了解用户的学科背景、行为习惯、服务需求，从而实现个性化服务。对于个体科研用户和科研团队，差异化的服务策略应基于用户画像的精准判断。用户反馈机制则成为服务不断优化的关键，通过科学服务用户反馈功能，图书馆能够评估服务质量并不断完善用户画像，为后续服务提供有力支持。这一全方位地利用用户画像的方法，将为高校图书馆学科服务带来更高的效益和用户满意度。

第二节　大数据环境下图书馆知识服务的发展方向

在大数据环境下，图书馆处于泛在知识的情景中，所有服务都建立在知识提供的基础上。用户需求不再简单依赖馆藏资源，而是需要"信息的信息"，即知识。因此，大数据时代的图书馆服务可以看作知识服务的延伸，知识服务创新成为图书馆服务创新的关键因素。基于知识服务的创新是适应大数据时代信息用户需求的先决条件，也是开启智慧服务的知识基础。

一、新理论融合下的图书馆知识服务发展走向

（一）基于智库理论的知识资源建设

智库是由各领域专家学者组成，以政策研究为基础，为政府、社会、企业提供决策支持的研究机构。其选择需要经过充分的调查与论证，以获得公众信任。高校智库是其中的典型组成部分，因为高校拥有专业领域高端人才，而高校图书馆则拥有丰富的大数据资源，因此在高校智库建设中扮演着特殊的角色。

当前，大多数智库拥有独立的研究机构，而这在高校智库中相对较少见。智库建设是一项综合性工程，对知识资源、技术和人才有高度要求。图书馆作为这三个方面资源的集聚地，在高校智库建设中发挥着关键作用，尤其在知识资源供给方面更为突出，为后续专项智库建设提供了坚实基础。

（二）基于价值共创理论的信息素养教育

价值共创是通过以个体为中心，使消费者与企业共同创造价值的理念。将图书馆视为企业、用户视为消费者，通过实现图书馆与用户的价值共创，推动图书馆服务创新并提升用户满意度。此外，通过开展用户信息素养教育，可以实现图书馆与用户的共赢局面，促使双方更好地互动与合作。

目前，信息素养教育主要由图书馆承担，通过开设信息检索课程、数据库引进培训等方式提高师生的信息素养。除此之外，用户之间也可以通过学术合作、学业互助、教学情况沟通等形式实现价值共创，这些都是基于知识服务的价值共创。

（三）基于学科馆员制的人力资源建设

学科馆员是负责图书馆学科服务的工作人员，通常需要具备某一领域的专业知识，并能有效地进行信息服务。学科馆员的素养与知识服务的质量密切相关，具备足够能力的学科馆员能够提供有保障的知识服务。因此，图书馆需要重视对学科馆员的管理。

在大数据时代，科研用户对知识服务的要求更加严格，而要满足这一需求，图书馆需要建立人才引进机制，特别是引进专业服务人才和各学科专业人才。这一机制需要提供相应的保障，以确保图书馆在知识服务方面有足够的人力资源支持。

为了满足知识服务的创新需求，图书馆需要建立创新激励机制，特别是针对学科馆员。这一机制旨在激励学科馆员不断更新知识储备和服务技能，以更好地满足用户需求。

为了应对知识服务要求的不断增加，图书馆需要建立专业培训机制，特别是对学科馆员。这一机制旨在确保学科馆员能够与时俱进，通过定期的专业知识和服务技能培训，使其保持在知识服务领域的专业水平。这需要形成制度，并进行长期实施和监督。

（四）基于关联技术模式的服务模式选择

图书馆知识服务体系建设的核心在于知识服务的内容与方式，而技术模式的选择对知识服务具有重要影响。知识的开发需要对原有信息进行重组与分析，尤其强调发现数据之间的关联性。在整个知识加工过程中，关联性分析是最关键的模块。

基于关联技术的知识服务模式包括馆藏数据层、数据算法层和人机交互层。馆藏数据层是知识服务的基础，包含图书馆的基础数据集合。数据算法层是关联技术的实现层，包括复杂的算法技术和加工技术。人机交互层是用户需求的感知层，用户通过与计算机对话表达知识需求。在数据算法层中，关联技术体系包括基础层、组织层、关联层。基础层提供可加工的数据，采用分布式存储技术。组织层确定数据组织形式，如数据类型和传输协议。关联层是核心层，对清洗、组织好的数据进行分类、管理、融合，运用分析与挖掘技术实现知识的重组，完成整个知识服务过程。

二、"后知识服务时代"理论的兴起

在 2019 年，柯平提出了"后知识服务时代"的概念，这标志着知识服务领域的一次重大理论创新。这个概念的提出是在 2000 年张晓林提出"图书馆知识服务"的观点之后。柯平在后续的时间里多次对这一观点进行深度阐释，并对其进行理论延伸与实践探讨。

后知识服务时代是基于图书馆服务发展轨迹定义的，前有信息服务时代和前知识服务时代，它们一同推动着图书馆服务的创新、变革与转型。信息服务时代由新技术驱动，带来前所未有的发展。前知识服务时代以知识技术为服务支撑，形成新业态。在后知识服务时代，服务由被动转为主动转型，是技术、需求、理论的共同结果。这三个时代概念有相应的理论基础，分别是信息经济论、知识价值论和新知识价值论。

在后知识服务时代，图书馆的创新服务需要遵循一定原则，综合考虑新形势和新需求，同时不违背图书馆自身的发展规律，以实现高质量、可持续的创新。这一时代下，创新服务有其侧重点，不再是简单的供给，而是需要从多个因素综合考虑。情境化、技术化、精细化、智慧化成为未来服务的趋势。

后知识服务时代是图书馆主动转型的重要历史时刻，要求图书馆站在更高的层次审视领域内的问题。图书馆需要深入思考，回答一系列问题，包括服务是否符合时代的召唤，是否符合国家的发展方向，是否有助于社会的进步。

三、大数据环境下图书馆知识服务的发展策略

（一）关注跨知识空间服务

当前讨论的图书馆知识空间主要包括物理和虚拟空间，知识服务在这一领域中进行。为了进一步提升服务水平，图书馆应考虑跨知识空间的服务问题。这意味着要在不同知识媒体、平台和场域下实现高质量、高效率的知识服务。通过借助跨屏分享技术、跨媒体检索技术等手段，可以实现跨空间的网络资源分享和在全平台上的资源检索。同时，建立一个服务通道，能够接收来自多个知识空间的服务请求，实现无缝的交流。

（二）组建多层次知识服务团队

成功组建多层次知识服务团队有助于提高图书馆知识服务的效率，同时也能够拓展知识服务的边界。在组建团队时，应特别注意吸纳不同学科和跨技术领域的人才，不断优化团队的人才结构和服务质量。知识服务团队应该在现阶段由被动服务转向主动服务，积极进行知识发现，及时发掘知识生长点，创造新的知识资源。

（三）"后知识服务时代"主动转型

尽管"后知识服务时代"的概念刚刚提出，图书馆界已经感受到了它所带来的压力和变革的前奏。在这个时代，图书馆需要同时利用外在驱动因素

（技术和需求）和激活内在驱动因素（创新），在双驱动的支持下，建设一个具有"无限"空间、资源服务一体化、无差别服务的、真正以用户为中心的图书馆服务体系。

第三节　大数据环境下图书馆智慧服务的发展方向

"智慧地球"概念的提出引起了全球的"智慧热"，在大数据时代，"智慧城市""智慧社区""智慧校园"成为热门话题。作为时代性的音符，"智慧"逐渐替代了"数字""信息"等词汇，渗透到社会各个方面。在这个概念中，"智慧图书馆"被看作"智慧地球"的微观延伸，是数字图书馆的高级形态。在研究"智慧图书馆"时，"智慧服务"成为一个重要的支撑点，国内研究主要集中在内涵界定、智慧服务模式、智慧服务系统、智慧馆员、智慧服务质量评价等方面。

一、大数据环境下图书馆智慧服务的探索实践

目前，国内图书馆在智慧服务方面的实践主要集中在用户多场景借阅服务、空间互联服务、智慧空间服务、虚拟现实体验服务这四个层面。

（一）用户多场景借阅服务

图书馆通过智慧技术在用户借还图书方面展开创新，涵盖了多种便捷的操作方式。移动智慧借阅功能是一例，支付宝的"借阅证"与用户信息绑定，使得在上海、北京、深圳等城市的图书馆实现了在线借还，提升了服务效率。另一方面，手机 App 借阅功能通过专门设计的图书馆 App，注册认证后用户可以方便地查阅馆藏，进行图书借还，并生成二维码电子借阅证，满足图书馆出入和其他扫码认证需求。O2O 线上线下智慧借阅则是一种创新实践，读者通过 App 选择借阅书籍，图书馆利用物流公司将图书送达用户，内蒙古图书馆的"彩云服务"是一个成功案例。此外，基于 RFID（射频识别技术）的

自助借还技术也得到广泛应用，包括馆内自助借还机和城市中的自助借还柜，例如深圳市的"城市街区自助图书馆"允许用户独立完成整个借还流程。

（二）空间互联服务

图书馆空间互联服务是通过现代技术打破空间限制，实现图书馆、读者、图书的多向互联。联盟合作例如"一卡通"借阅使得跨地域借还书成为可能，书籍也能自由流转。目前，"辽宁省公共、高校图书馆联盟"和"丝绸之路国际图书馆联盟"等平台展现了这种合作关系。

（三）智慧空间服务

深圳图书馆四楼的创客空间于 2016 年建成，其设计初衷是激发学习、探索和开拓思维的精神。空间划分为创意设计制作区、创意作品展示区、研究学习区和交流区四个部门，提供了支持 3D 打印、手工机床、机器人实训等多项项目实践的设施。重点服务对象为青少年，旨在通过这些创新实践活动培养他们的创新意识。

长沙市图书馆新馆的"新三角创客空间"提供近 200 套免费使用的设备工具，包括 3D 打印机、数控雕刻机、激光切割机、工业缝纫机等。广州市越秀区图书馆的"互联网＋"创客空间则采用"1＋N"的创客服务模式，设有工作室、设备间、阅览室，并配备 3D 打印机、建模软件、激光雕刻机、可编程控制器等。

（四）虚拟现实体验服务

目前，图书馆广泛应用虚拟现实体验服务，主要集中在文化宣传、知识科普和空间介绍等领域。以遵义市图书馆的"新年虚拟现实体验活动"为例，以春节为情境，结合 VR 技术和 3D 文创打印，实现了公众在科技互动中感受智慧与传统文化的体验。

二、5G 技术环境下智慧服务的应用前景

5G 时代的到来不仅在通信技术领域带来革命性的变革，更强调技术已经深刻改变人类生活。与 4G 改变用户的视听体验不同，5G 被看作对"人类想象力"的飞跃。当前，5G 技术在工业自动化、智慧城市、智能办公、智能医疗和商业建设等领域得到广泛应用。将 5G 技术融入图书馆智慧服务，有望推动图书馆数据系统和创新服务的升级。

（一）5G 技术推动图书馆智慧服务不断创新

株洲市图书馆在 5G 技术应用上进行了实践，引入了 5G 智慧墙，以"感知＋分析＋预测＋推荐"的方式为入馆读者提供全面的服务。通过面部捕捉识别，智慧墙获取用户身份画像，包含借阅记录和活动参与度等轨迹数据，进行偏好分析，最后推荐可能感兴趣的信息。在株洲市图书馆，5G 技术充当了"图书馆服务人员"的角色，为入馆用户带来了独特的体验。

（二）5G 技术提升图书馆智慧服务效率

2019 年 8 月，中国移动宁波分公司与宁波市图书馆合作，举办了一场 5G 阅读体验活动，旨在让用户亲身感受 5G 在图书馆中的新应用。活动中最引人注目的展示点是对 5G 速度的零距离感知，通过现场开通 5G 网络和使用 5G 手机，下载速度达到 1.2Gbps，为 5G＋阅读提供了卓越的体验。

（三）5G 技术增强用户沉浸式体验

2020 年 8 月，国家图书馆与中国图书馆进出口集团、华为公司合作，签署协议推进国家图书馆 5G 新阅读体验中心的建设。该中心将提供"云参观"国家典藏博物馆的"甲骨文记忆展"和在虚拟空间阅读虚拟电子书籍等多样化场景。通过全景式、沉浸式的阅读环境，该中心旨在重新定义公众在新媒体时代的阅读体验，让用户清晰感受到 5G 智慧技术所带来的文化变革。

三、大数据环境下图书馆智慧服务的发展策略

（一）在现有布局的基础上，缩短用户—服务的距离

智慧服务的终极目标是让人类能够按照自身意愿自由发展，而代表图书馆的智慧服务的目标是让用户以个性化方式自由获取知识信息。为实现这一目标，关键在于考虑用户与服务之间的距离问题，包括空间距离和服务的可到达性。

为提升图书馆服务便捷性，建议加强物理空间服务建设。通过在社区增设自助借还书柜或扩建分馆，缩短用户空间位移距离，实现更便利的书籍借还。强调图书馆应考虑交通通达性和用户群居性的区位选择，真正实现无差别服务，以确保每个人都有平等、自由的图书馆使用体验。

建议图书馆清除现有服务过程中的障碍因素，以提高服务的通达率。指出可能存在的阻碍，包括馆员素养不足、技术应用过时、设备陈旧、交流不畅等，这些因素可能导致服务渠道堵塞或服务终止。建议图书馆在自查短板的基础上，全面提升服务的软硬实力，强调馆员需坚持智慧服务理念，提高智慧技术在日常服务工作中的应用率。同时，建议在预算允许的情况下，及时更新智能服务设备，以提升服务质量，给用户带来新鲜感。

（二）在现有知识资源基础上，深化智慧检索服务层次

检索服务是用户查询信息的主要手段，因此智慧化、人性化设计的检索系统对于准确、全面地获取用户信息至关重要。在智慧服务中，采用智慧检索可以提升用户检索效率，减少由于用户检索策略不当而导致的信息获取失败情况。

第一步是建立用户检索标签，可参考前文的"用户画像"，从中提取用户的日常检索痕迹，形成检索关键词，了解用户的检索策略。这包括用户是否使用基础检索、高级检索、专业检索，以及他们是否倾向于综合类数据库或专业性数据库等。这些行为痕迹的集合就构成了用户的检索标签。

第二步是根据用户的检索标签提供个性化检索渠道。例如，根据用户对

检索结果的宽容程度，智能选择检索式编制，甚至提供不同检索策略下的多种结果供用户选择。另外，一些用户可能更愿意接受"语音机器人"技术，图书馆可以参考其他数码产品，嵌入语音互动技术，实现语音检索。

此外，智慧检索还应加速应用内容过滤和图像视频识别技术。在处理检索命中结果时，系统可根据用户平时保留的信息，清除用户不感兴趣的领域内容，从而减少用户信息筛选的时间。例如，对计算机领域感兴趣的用户可以自动清除与农业相关的信息，提高信息查准率。

（三）在现有人工答疑的基础上，补充智慧咨询形式

当前，图书馆主要采用人工接待服务作为主要的参考咨询形式。在智慧服务的背景下，可以引入智慧咨询服务，以辅助人工答疑。

第一步是引入机器人形式，用于简单的读者指南介绍。目前，已有图书馆引入智能机器馆员，它们能够进行基础互动，传达一些基本的入馆须知内容。未来引入人工智能馆员时，应在普通互动的基础上加入更深层次的服务要求，提升机器人知识库的 FAQ 问答精准度和内容广泛度，同时考虑增加机器人对数据的基本处理能力，例如生成读者阅读报表、读者入馆情况分析报告等。

第二步是建立多渠道的接入问答通道，实现咨询数据的统一管理。除了智能机器人问答外，还存在虚拟网络"馆员"问答等多种形式，例如通过微信中的客服角色进行基本问题的解答。智慧服务为参考咨询带来多种途径，需要在各种场景下实现平台之间用户问题的无缝转换。同时，对跨平台的数据进行集中上传和同步管理，以避免用户因设备迁移而丢失历史服务内容。

第三步是开展联合智慧咨询服务，充分利用人才和智慧资源。采用联合智慧参考咨询服务可以减轻单个图书馆在新技术环境下面对新服务要求的压力。这种服务模式可以采用合作数字参考咨询模式，即分布式、协作式虚拟参考咨询模式，整合区域图书馆服务网络的智力资源和知识资源，以实现高效率、高质量、全网式解答读者问题。

（四）在现有智能化设备服务的基础上，深化智慧服务内涵

在图书馆智慧服务的内涵中，强调智慧只是手段，服务才是核心。尽管智能技术和智慧技术不断发展，图书馆应更加注重人文服务的重要性。未来的服务应通过智慧技术来消除服务障碍，然后通过人文思想来真正服务好每一个用户。不应过于依赖智慧手段，也不应过于幻想技术可以改变一切。图书馆需要树立人文智慧的服务理念，以体现其应有的服务高度。

第四节　大数据环境下图书馆开放服务的发展方向

网络上引起关注的一篇文章强调图书馆作为"天堂"，不会因个体身份而拒绝服务。曼彻斯特公共图书馆于 1852 年出现，成为全球第一座依据法令建立的公共图书馆，标志着图书馆阶级属性的历史性转变，"面向公众开放"成为公共图书馆的社会使命。随着社会、技术和公民意识的发展，图书馆的开放服务也获得新的内涵。

一、大数据环境下图书馆开放服务的内容变化

2011 年初，国家发布了《关于推进全国美术馆、公共图书馆、文化馆（站）免费开放工作的意见》。该文件明确规定了免费开放的范围，包括公共空间设施场地的免费开放以及与其职能相适应的基本公共文化服务项目的免费提供。因此，图书馆的开放服务问题可从两个角度来看待，即图书馆空间服务的免费开放和图书馆数据的开放使用。

（一）开放空间使用

自欧登伯格提出"第三空间"理论后，图书馆空间概念得以"扩容"。开放空间使用即是对空间资源的充分利用。宽松、舒适的设计理念使得新型休闲文化空间与传统的图书馆空间开始相互融合。现代图书馆的空间开放范

围不仅包括基本的借阅和自习场地，还包括具有娱乐功能的休闲区、轻食区、发声区、展览区，以及具有学术功能的研修区和创意空间。

（二）开放数据使用

开放数据被定义为任何人都可以免费使用、再利用、再分发的数据，若存在使用限制，最多只是要求署名并遵循知识共享许可协议。最初，开放数据源于开放存取运动，旨在解决科研出版领域的问题。随着大数据时代的到来，开放数据工作也得到了新的内涵，从政府大力倡导逐渐发展为社会广泛认可。开放数据不仅展现了数据本身的巨大价值，还在信息共享、学术交流、信息治理、社会创新等方面发挥着重要促进作用。

二、大数据环境下图书馆开放服务的保障机制

大数据的变革不仅涉及国家各个方面，也带来了前所未有的"数据革命"。然而，大数据时代所带来的不确定性，以及图书馆在开放历程中遇到的各种问题都对服务工作提出了挑战。因此，面对大数据环境，建立图书馆开放服务保障机制是必不可少的。

（一）制度保障

1.国家层面

中国的数据开放工作由政府主导，通过一系列政策办法逐步推进和实施，涉及大数据环境的各个方面。特别是对于图书馆，这为其在开放过程中的服务创新提供了明确的指导方向。

2015 年，国务院发布的《促进大数据发展行动纲要》明确了要加快政府数据开放共享，推动资源整合，提升治理能力的任务。尤其在"公共服务大数据工程"专栏中，文件强调了加强数字图书馆、档案馆、博物馆、美术馆和文化馆等公益设施建设，构建文化传播大数据，为社会提供文化服务，传达了图书馆在社会服务方面的重要任务。

2016 年，相继出台的《关于全面推进政务公开工作的意见》《关于加快

推进"互联网＋政务服务"工作的指导意见》和《政务信息资源共享管理暂行办法》都进一步强调了数据公开工作的安排。这些文件倡导坚持开放创新、开放服务资源和开放共享的战略思想。

2018 年，国务院发布了《科学数据管理办法》，其中明确以"开放为常态，不开放为例外"来表达中国在科学数据管理方面的决心与态度。

2.地方层面

地方政府在响应国家工作部署的同时，通过大力推进数据公开，努力构建本地数据共享平台，以推动智慧城市建设和城市文明水平的提升。在这一过程中，地方政府认识到强化数据公开的制度保障至关重要。以北京和上海为代表，北京市明确在规划中推动公共数据资源开放，注重多方数据共享制度的实现，并在发展行动计划中强调融合开放环境和加大公益设施建设的力度，以促进个性化文化服务。这些措施体现了地方政府在数据开放方面的积极努力，有助于推动城市发展朝着更智慧和文明的方向迈进。

上海市政府在《上海市国民经济和社会发展第十三个五年规划纲要》中着重强调了深化智慧城市建设的必要性，明确了需要打破数据壁垒，积极推进数据的开放与共享。进一步，2020 年 4 月发布的《上海市政府信息公开规定》再次明确政府的责任，要求及时向公共图书馆等机构提供公开的政府信息。

3.图书馆界

2018 年，《公共图书馆法》的颁布具有历史性的重要意义，为中国公共图书馆的长期稳定发展提供了法律保障。该法强调了图书馆应面向公众开放，服务社会文化需求，并规定了馆藏文献信息目录的公开。此外，法律明确了对阅览室、自习室等公共空间设施场地的免费提供，并对其开放的具体操作作出了指示。特别值得注意的是，法律还寄予了对学校图书馆、科研机构图书馆等的社会开放以及发展的期望。

（二）资金保障

图书馆的正常运行和业务工作离不开资金的充足保障。公共图书馆的"免费"开放条款对于资金的支持至关重要。当前，中国建立了一系列资金补助制度，主要由《关于推进全国美术馆、公共图书馆、文化馆（站）免费开放工作的意见》和《中央补助地方美术馆、公共图书馆、文化馆（站）免费开放专项资金管理暂行办法》两个文件规范。2017 年颁布的《中华人民共和国公共文化服务保障法》更明确了公共文化服务的物质保障措施，包括将公共文化服务经费纳入本级预算，为免费或者优惠开放的公共文化设施提供国家规定的补助。

尽管在相关法规的支持下，图书馆开放服务取得了稳步进展，但逐步显现的问题需要引起重视。首先，由于免费开放政策引发的供给和服务量的增长，图书馆固定的经费补贴难以满足需求，购买数据、进行空间改造等成为年度预算的重要开支，呈现出供需失衡的问题。其次，由于经费划拨存在地区差异，导致不同地方图书馆的发展不平衡，而经费资金来源的保守性也带来了多方面的问题。

对于图书馆资金服务保障，提出了一系列建议。首先，应在合理使用预算政策的前提下，增加必要的资金监管机制，以确保资金使用的合理性和透明度。其次，在保障免费服务的前提下，可以适当设立收费项目，通过节流和开源的方式，积极自救，从而有效缓解馆内支出的压力。最后，建议鼓励社会资本的参与，除了中央和地方财政的预算拨款外，《公共图书馆法》鼓励社会资本的加入，这不仅能够实现社会监督，还能使图书馆服务更有底气，真正实现取之于民用之于民的目标。

（三）资源服务保障

图书馆的资源利用服务是其业务的核心，也是用户最迫切需求之一。在大数据环境下，图书馆需要适应资源信息呈现几何级数增长的情况，尤其是数字资源的访问明显增加，对特色文献和纸本资源的需求也显著上升。为满足这些需求，图书馆需要进行科学论证和正确选择数字资源采购。这包括对市场上不仅主流而且小众的数据库进行调研，深入了解本馆过去数据库的使用情况，进行用户问卷调查，以制定合理的资源需求靶向。在此基础上，根据经费预算制定数字资源采购计划，以确保资源的合理利用和满足读者多样化的需求。

在大数据环境下，图书馆可以通过自建特色数据库来实现资源的双赢。

这一策略不仅能够丰富馆藏资源，还能够在自我挖掘和精心打造的过程中，沉淀本馆独特的文化内涵，形成独一无二的宝贵财富。目前，公共图书馆和高校图书馆在自建特色数据库方面已经取得了显著的成果，为保护和传承地区优秀特色文化作出了重要的贡献。

在大数据阅读兴起的今天，虽然数字资源的使用频率逐渐增加，但纸本资源仍然是无可替代的存在，很多用户对纸书纸刊有着特殊的偏好。为了更科学地采购和购买纸本资源，图书馆可以充分利用大数据的优势，构建用户对纸本资源需求的虚拟画像。通过了解用户的借阅偏好和阅读习惯，图书馆可以更有针对性地进行采购，避免馆藏资源的重复建设，最大程度地满足读者的需求，同时合理利用采购资金，避免浪费。

为了克服公共图书馆之间资源错位的问题，建议建立区域数字资源共享联盟。不同于机构图书馆或高校图书馆，公共图书馆在用户特征、服务内容、基础馆藏方面存在高度重合。通过建立共享联盟，如京津冀图书馆联盟、长江三角洲图书馆联盟、长春市协作图书柜等已经进行了尝试，可以形成资源的优势互享和劣势互补。这种联盟可以弥补由于资金和资源短缺而导致的服务缺陷，提高公共图书馆的整体服务水平，使得读者可以更加方便地获取所需资源，促进地区文化和知识的共享与传承。

（四）技术服务保障

在大数据环境下，图书馆开放服务主要集中在数据开放层面的技术运用。这包括整合已有数据资源，建立关联关系并注意逻辑关系，清洗或转化不符合要求的数据，形成相关联的数据集合。访问方面，涉及用户身份识别、访问权限和信息检索，通过身份认证后规定用户访问资源的范围，用户可通过交互对话和检索式检索所需信息。分析方面，需要熟练使用各类数据统计分析软件，对数据对象进行关系统计表达，形成可视化报告，这对图书馆服务创新具有关键价值。共享方面，通过建立数据共享和互操作框架，利用协作分析技术实现数据在各个系统内自由流通，允许跨系统、跨区域、跨部门的信息数据传递，实现数据资源的充分价值。

三、大数据环境下图书馆开放服务未来发展的思考

（一）高校图书馆面向公众开放问题

《公共图书馆法》支持高校图书馆等机构向公众开放，一些地区也在实施这一法律要求。江西省教育厅在 2019 年 5 月发布了一项重要信息，宣布江西省的 68 所高校图书馆将向社会开放，并公布了相关服务的具体条款。尽管这一进步是令人欣喜的，但缺乏配套的保障措施，开放的持续性成为一个无法预知的问题。高校图书馆的开放为公民提供了更多的文化选择空间，也是高校履行社会使命的应有之举。在保障基本利益的前提下，逐步开放成为当前图书馆开放服务的新亮点。

（二）公共图书馆的第三空间向公众开放问题

图书馆第三空间理论是当前全球图书馆建设的标杆，其"宽松、舒适"的阅读环境成为图书馆开放服务的重要吸引点。除了亲民的建筑空间外，新功能空间也传递着"开放、自由、包容"的知识氛围。因此，图书馆第三空间的打造成为未来图书馆开放服务需要特别关注的发力点。

（三）开放数据的后续问题

随着开放数据资源成为图书馆信息资源的一部分，未来图书馆将面临资源组织形式、采购方式、利用方式、管理人员组织等方面的变革。开放数据的深度与广度发展将导致资源建设由采购模式向采购与开放获取并举的方向演变。这一发展趋势也对图书馆工作人员的专业技术提出挑战，涉及后续问题需要图书馆逐一解决。

四、大数据环境下图书馆开放服务的发展策略

（一）根据公众的情况，开展差异化服务

进一步推进开放服务时，图书馆将面临公众的差异化问题。为应对这一

挑战，每个图书馆都应在服务好原有读者的基础上，积极拓展服务内容与方式，寻找满足其他层次读者需求的方法与路径。

通过利用时间差异，图书馆可以巧妙地开展空间服务。考虑到每个用户有自己的利用图书馆的时间惯性，根据用户使用习惯，可以实现有效的用户分流服务。例如，高校图书馆在寒暑假可能相对空闲，可以考虑在一定范围内向社会开放，充分利用资源。对于公共图书馆，可以根据社会性大型考试的时间，提供更多自习座位，以满足考生的需求。

利用需求差异进行资源建设是图书馆的有效策略。高校图书馆在开展开放服务时，可以通过集中补充购置通识类资源，如启蒙类和养生类文献，满足不同用户群体的需求。而对于公共图书馆，应在现有资源结构基础上，增添专业和特色资源，以更好地服务社区的多样化需求。

（二）广泛宣传，让公众深入了解开放服务

图书馆长期以来通常给人的印象是进馆需要严格的身份核实，特别是高校图书馆更是设置了二道屏障。此外，工作人员的冷淡态度也进一步拉大了用户与图书馆之间的距离。为了改善这种刻板印象，不仅需要提高服务水平，还要注重对外宣传，让用户了解到图书馆是一个更为友好和开放的场所。

为提高图书馆开放服务的知名度，可通过社会渠道与平台投放广告。微信公众号虽然能够推荐服务给已关注用户，但对未关注用户效果有限。作为政府统管的公共文化机构，图书馆可协调使用公开宣传平台，如公交车站滚动电子屏幕、移动电子屏、城市无线电广播、郊区文化墙等，吸引更多用户的关注。

虽然智慧手段有助于提升图书馆开放服务质量，但不能成为人文服务的屏障。当前，出于校园综治维稳的考虑，高校图书馆普遍采用人脸识别系统核实进馆用户身份。然而，从人文服务的角度出发，这可能与高校承诺的社会责任、服务地方经济文化的誓言相违背。因此，在开放服务中，图书馆应尽量减少因高新技术产生的服务"尴尬"，更注重人文关怀，保持对用户的友好和开放态度。

（三）建立服务激励机制，保障馆员服务

图书馆学者阮冈纳指出，图书馆的成功与否关键在于图书馆工作者。开放服务虽然提升了图书馆的社会站位，但也给工作人员带来了服务压力。不同类型的读者有不同的服务需求，因此需要图书馆馆员具备多元服务技能和积极的服务态度。考虑建立相应的服务激励机制来激发工作人员的积极性。

一方面，激励馆员不断提升服务素养是关键。提升文化素养和服务技能后，应考虑激励问题，不仅在物质层面，更应将其看作业绩的体现，为晋升提供参考；另一方面，要激励馆员保持积极的服务热情。持续的积极状态来自对工作的热爱，除了观察文化素养和职业技能，还需考察馆员对待工作的态度，这是长期进行开放服务的精神动力。

（四）多类型图书馆合作，通力完成社会公共服务

无论公共图书馆和高校图书馆，还是一些更为微观的图书馆，如农家书屋、图书馆角、社区图书馆等，它们都注重深入基层、服务民众、贴近生活。为了共同进步，各种图书馆应加强同类型图书馆的合作，共同努力在资源、服务方式和服务内容上实现提升。

第五节　大数据环境下图书馆数字人文服务的发展方向

人文计算起源于计算机学科与人文社会学科的融合。随着数字技术在人文研究中的广泛应用，数字人文作为一种研究方法逐渐崭露头角。2004 年，英文术语"Digital Humanities"被引入，中国学者廖祥忠则提出了中文表述"数字人文"，并在国内得到广泛应用。数字人文旨在通过数字技术解决社会学科领域的问题，以科学方法对人文学科信息进行分析，揭示内容背后的真相。在国内，数字人文已成为研究的热点之一，得到了各方关注，包括被纳入学术图书馆发展趋势。

数字人文的崛起为人文学科研究注入了新的活力，其独特的研究角度使

得研究结果更富有创新性。通过深入解析数据，数字人文让研究者对人文作品有了全新的认识，展示了其引人入胜的魅力。可以预见，图书馆与数字人文的紧密结合将催生出全新的思维突破和研究成果创新。

一、数字人文对图书馆服务创新发展的意义

随着数字人文在图书馆领域的实践不断增多，图书馆的工作也迎来了新的变革。数字人文对图书馆的资源建设、利用和开发带来深远影响，为图书馆的服务创新提供了崭新的方向。

（一）提高图书馆馆藏资源的数字化程度

数字人文主要关注人文社科领域可数字化的文本、资料和信息，以便运用数字技术进行深入挖掘和分析。在图书馆馆藏中，纸质文献资源占据重要比例，将其数字化不仅满足了电子屏时代用户无纸化阅读的需求，同时也直接促进了数字人文技术的发展。此外，数字化资源对图书馆进行宏观资源监测与调度更为便利，并在一定程度上降低了文献保存成本。

（二）推动图书馆对馆藏特色资源的开发

数字人文的目标是推动人文科学领域的新知识发现，对图书馆的珍贵资源建设与保存具有重要影响。数字人文项目要求图书馆整合馆藏中与特定主题相关的所有资源，这些资源可能散布在图书馆的各个角落。通过项目的组建、吸纳和汇聚，结合相关技术对这些分散且关系模糊的信息进行分析与发现，最终揭示资源之间的逻辑关系，形成具有特色的资源集合。

（三）促进图书馆参与跨界融合，拓宽视野

图书馆一直以来期望通过更多的跨学科交流、融入多元文化体系和丰富自身学科内涵来实现发展。数字人文在学科融合方面为图书馆创造了更多交流的机会，为技术创新提供了更多的处理策略，同时在方法论与研究范式方面提高了图书馆界的认识水平。

二、大数据环境下数字人文在图书馆服务中的实践案例

（一）中华古籍资源库

中华古籍资源库是"中华古籍保护计划"的重要成果项目之一，在统一部署的指挥下，大力推动了全国公共图书馆古籍数字化项目的进展。通过建立名录、专业培训和古籍整理开发等措施，该项目成功建立了中华古籍保护网，实现了珍贵古籍资源的传递与共享。

中华古籍资源库作为"国家图书馆·国家数字图书馆"网站的重要项目，其数据库首页设有"热门推荐""国土特藏""馆外资源"等导航分区，提供高级检索功能，支持标题、责任者、出版者、出版发行项等字段的检索。

（二）上海图书馆——"家谱知识服务平台"

上海图书馆的家谱数据作为其重要特色馆藏，已经覆盖了 27 个省、自治区和直辖市。这些家谱资源反映了华夏民族的宗亲血缘关系和姓氏发展变化，是中华民族生生不息的历史见证。在应用数字人文技术之前，上海图书馆已对这些数据进行了系统整理，为后续知识平台的建设奠定了资源基础。此外，这些家谱资源种类繁多，覆盖面广，包括了罕见姓氏和名人家谱，为知识平台提供了数据广度和独特性的保障。

上海图书馆对家谱进行数字化，将其上传至资源库，为用户提供了开放查询的平台。查询界面支持基本和高级检索，姓氏按首字母大写顺序排列，用户可以点击姓氏查看详细的馆藏信息。值得一提的是，上海图书馆的家谱查询平台目前支持用户通过远程外网访问，方便用户无须到馆即可查询使用。

三、大数据环境下数字人文在图书馆服务中的发展策略

（一）深度加工各类信息资源，提供数字人文专题文化服务

目前，图书馆的信息资源服务主要以馆内数据开发为主，而数字人文工作的推进需要对馆内信息资源进行整合开发。这不仅包括对专题信息的收集，

还需要与联盟图书馆协作，广泛搜集专题所需信息，为后续的整合和文本分析提供信息支持。同时，图书馆可通过社会力量征集文献资料，提高所需文献资源的充实度。

（二）整合人力、空间资源，成立图书馆数字人文研究组织

数字人文工作的成功开展需要在空间和人力方面进行双向投入。为了确保图书馆数字人文服务项目的可持续发展，长远规划必不可少。这包括增加或扩建实验场地，建设适宜放置大型数字设备、进行团队会议和展示实验成果的空间，同时需要通过与其他高校、科研机构的合作，吸引专业人才协助。

（三）不断融入新技术、新情境，为用户提供不一样的数字人文体验

过去，图书馆致力于利用新技术提升服务效率和质量，从数字检索到移动图书馆，为用户带来更便捷的知识体验。数字人文作为创新服务的亮点，不仅通过技术改变和提升服务水平，还为用户创造全新的文化体验。未来，数字人文将持续整合新技术，为用户带来全新的情境体验，让安静的文化用另一种方式再现，焕发出新的生机。

（四）打造特色文化景点，为城市旅游资源建设注入新活力

以往，图书馆参观主要侧重于展示文化空间、建筑和特色服务，但引入数字人文项目能为游客带来独特的文化体验，符合当前文旅融合的创新趋势。通过高新技术如虚拟现实和眼动追踪，吸引用户积极参与，不仅享受科技带来的文化魅力，同时提升了图书馆的服务形象。

第六节　大数据环境下图书馆数字文旅融合的发展方向

2018 年被誉为"文旅融合元年"，标志着文化与旅游开始深度融合，并得到了政策层面的支持。《文化产业促进法（草案征求意见稿）》的发布为文旅融合提供了法律支持，强调了促进文旅和文化科技融合。作为公共文化服务机构，图书馆应积极顺应国家政策，调整服务观念，充分发挥自身文化属性，与旅游业深度融合，提供卓越服务，吸引更多用户。

一、图书馆参与数字文旅融合的背景

公众文化需求的增长和"智慧生活"概念的推动使旅游行业面临转型的迫切需求。在这种情况下，文旅融合被赋予新的期望。如何深度融合文化、旅游和智慧，实现效能的完美共振，成为国家提出的文旅融合命题的关键问题。

2019 年 4 月，文化和旅游部办公厅发布了《公共数字文化工程融合创新发展实施方案》，强调挖掘数字文化服务发展潜力，促进公共数字文化工程全面融合。同年 10 月，举办了数字文旅融合创新发展大会，展示了国家对文化、旅游和数字的深度融合的决心。2020 年，文旅产业面临挑战，数字文旅凭借独特优势崭露头角，国家鼓励通过数字手段展现人文与自然景观的完美融合，以支持旅游业复苏。对于图书馆来说，如何充分利用政策导向，借助数字技术为文旅融合赋能，是服务发展的重要方向。

二、大数据环境下图书馆参与数字文旅融合的价值探讨

（一）数字文旅融合扩大图书馆创新服务辐射范围

图书馆信息资源作为大数据体系在数字时代保障公众社会文化权利，但服务半径有限。借助数字技术，特别是虚拟现实和大数据技术，图书馆可以

实现服务辐射力的大幅提升，通过与文化主题产业跨界合作，提升内容服务深度和受众范围。

（二）数字文旅融合发现图书馆创新服务的新转机

《图书馆服务宣言（2008）》强调以现代信息技术为支撑，以实现服务创新应对信息时代的挑战。大数据时代，图书馆在服务方面面临新的要求，需要技术支持实现创新。文旅融合概念引入了数字文化与旅游产业的结合，打破了传统行业界限，通过重构与互补两大产业，创造了全新的产业体系。在数字化技术的帮助下，图书馆积极参与文旅融合，创造新的服务对象和内容，与用户建立时代文化共识，实现了真正意义上的服务创新。

（三）数字文旅融合顺应大数据时代用户需求的新引导

中国当前的主要矛盾是人民日益增长的美好生活需要和不平衡不充分的发展之间的矛盾，《中华人民共和国公共图书馆法》明确了图书馆在新时代应对这一矛盾的要求。文化是旅游的核心，而旅游是实现美好文化追求的实践，数字技术被运用于促进两者融合，打破行业壁垒，推动融合成果高质量发展。图书馆在数字文旅融合中积极主动，搭建多种服务平台，通过大胆尝试向用户提供全新的文旅体验，以满足人民群众多元文化需求。

三、数字文旅融合在图书馆创新服务中的探索案例

（一）数字资源主体化供给模式

相较于其他文化机构，图书馆在文献信息资源方面拥有天然的优势，使其在数字文旅融合中具有重要的文化基础。在讨论图书馆参与文旅融合时，信息资源的开发与供给问题成为首要关注点，因为这直接关系到数字文旅融合的成功。关键问题包括确定旅游者期望的资源种类以及如何将这些资源融入旅游情境中。

特色馆藏资源的挖掘是图书馆在文旅融合战略中的一项关键举措。将图

书馆独有的文化珍品与地方旅游特色有机融合，打造资源文化特辑，以"文化特质浸润旅游品质"的方式展示馆藏的独特之处。这不仅凸显了图书馆在文旅融合中的独特价值，同时也是"宜融则融，能融尽融"政策原则的切实体现。

图书馆通过提炼文化主题，根据用户兴趣数据，深度挖掘馆藏信息，使馆藏更具文化内涵。这一策略在线上图书馆中得以体现，以"主题式"展览为例，桐乡市图书馆的"云直播图书馆邀您线上听桐乡的故事"通过引导观众了解地区文化，成功提升了城市形象。

图书馆将优秀的数字资源转化为产品，有偿或无偿地提供给用户。这一创新策略旨在让用户在线上参观的同时，通过数字资源产品获得额外的知识补充，更全面地了解文旅项目背后的故事，进一步升华文旅融合项目的内涵。

（二）大数据与图书馆服务信息互联模式

在文旅融合中，图书馆不仅是文化信息的挖掘者，更是旅游信息的整合者。利用大数据挖掘技术，图书馆综合各大旅游信息平台的信息，包括景区地理位置、特色景点、美食、历史文化等，使用户通过数字平台能够便捷了解当地旅游实情。这种角色转变不仅提升了图书馆在文旅融合中的地位，同时也为用户提供了更便利、全面的旅游信息服务，进一步增强了用户对图书馆的认可度与依赖度。

建立图书馆旅游服务信息综合网络的关键在于统一思想。各级图书馆应深刻理解国家对文旅融合的发展决心，通过借助总分馆制的组织优势，建设全国或地区性的服务信息网，强调"共建、共知、共享"的理念，以全员参与和提升为核心思想。

为了发展图书馆旅游服务信息，需要重视技术，开发多元平台。除了综合图书馆旅游服务信息网络的铺设，信息搭载平台的建设也很重要，要确保信息共享通畅，用户能够便捷访问。图书馆可以利用现有平台如微信小程序、微信公众号、App 等，建立信息门户网站或独立 App，满足用户多样的访问需求。

为了保持用户对图书馆旅游服务信息的长期关注，关键在于精准追踪和建立目标用户文旅需求画像模型。通过合法收集和处理用户的访问数据，构建用户虚拟画像，并以此为基础，进行长期精准的信息服务推送，提高用户对图书馆旅游信息平台的依赖度与信任度。

（三）沉浸式体验："云参观"的文旅融合模式

互联网技术的崛起，尤其是数字技术和网络技术的发展，彻底改变了文化和旅游行业的服务模式。"智慧＋旅游"作为新的业态，通过技术主导的虚实结合场景再现，使游客能够在云端设备或软件的指引下，通过互联网数据传输参观虚拟旅游场地。线上旅游，或称为"云旅游"，作为线下旅游的补充，主要用于宣传和吸引游客。尤其在疫情影响下，线上旅游成为旅游业"线上逃生""固本回元"的重要途径。

"云参观"不仅可介绍旅游景点，还是宣传图书馆自身的有效方式。传统的图书馆参观多为实地入馆，而"云参观"提供了新思路，可以展示图书馆的形象、资源，内容包括物理空间、特色馆藏、主题活动等，形式上可选择直播、短视频、长视频等，并根据受众年龄选择不同平台，技术方面需注意全局控制，包括宽带传输、实时音视频传输技术，后期制作要注重逻辑性、连贯性、视觉效果、舒适性和故事性。

目前图书馆在开展"云参观"方面采取了多样化的模式，内容丰富，给用户提供多种选择，满足不同需求，为用户提供独特的体验。部分图书馆实践案例如图9-2所示。

	案例
社交平台+数字资源	上海图书馆馆藏年画精品展
	国图110岁，3.2万部古籍实现在线阅览
"云参观"+阅读推广活动	图书馆邀你线上"云观展"，来一次"趣味信息素养竞赛"
	各山区图书馆，邀您线上观花灯
VR在线参观	足不出户，青海省图书馆带你参观青藏高原自然博物馆
App平台展示	江苏省各大图书馆推出的线上展览应用
小程序+旅游服务信息	推出地图线上游戏小程序的形式，线上旅行武汉多家公共图书馆及旅游景点
其他数字融合方式	陕西省图书馆"智能文化云地标"的建设

图9-2　部分图书馆关于数字文旅融合实践的案例

四、大数据环境下图书馆数字文旅融合的发展策略

文旅融合的提出为图书馆开展文化服务提供了新的思路，尤其在当前数字化时代，可以采取一系列相关策略，积极尝试数字文旅融合。

（一）加强各平台之间的渠道互通，为文化资源的传递提供无障碍通道

数字文旅融合时，图书馆加强内部特色文化资源建设至关重要。以井冈山大学图书馆为例，其"宋代庐陵文化名人研究数据库"和"庐陵文化文献资源数据库"等特色资源都紧扣本地历史文化。在当地特色文化的基础上进行资源建设不仅具备本土信息资源的优势，还能降低开发成本，有效避免资源同质化的问题。

数字文旅融合中，图书馆必须积极促成多平台之间的协作互动，确保文化资源的共享和传递。这需要图书馆与其他文化机构共同关注平台管理和联动，包括内容宣传的同步更新、平台无缝对接，以及技术和专业人才的相互指导与交流。

（二）开展数字人文项目，提升游客的科技体验感

在开展数字人文项目时，通过巧妙整合科技与人文元素，可以进一步提升游客的科技体验感，使其在文旅融合的环境中更加沉浸、愉悦。数字人文项目不仅是科技的展示，更是文化的传承与创新，通过以下方面来提升游客的科技体验感：

第一，注重互动体验。数字人文项目应当设计具有互动性的元素，让游客参与到文化体验中来。例如，通过虚拟现实（VR）、增强现实（AR）等技术，游客可以与文物、历史场景互动，仿佛穿越时光。这样的体验不仅提升了科技感，还使游客更深度地了解文化内涵，获得更丰富的体验。

第二，打破时空限制。数字人文项目可以通过数字化的手段，将文化体验拓展至时空之外。例如，游客可以通过在线平台参与远程文化活动、虚拟导览，使得即便身处不同地点，依然能够共享文化盛宴。这种打破时空限制的科技体验使游客能够更自由地感受到多元文化的魅力。

第三，结合智能导览。数字人文项目可以通过智能导览系统，提供个性化、定制化的文化服务。通过识别游客的兴趣和需求，智能导览系统可以为其推荐相关的数字文化资源、展览内容，使游客能够更深度地了解并参与到文化体验中，增加科技的个性化服务感。

第四，注重多媒体融合。数字人文项目可以通过多媒体手段，如音频、视频、图像等，使文化体验更为生动和多样。例如，在展览中融入数字艺术表演、虚拟影像展示，通过多元的媒体形式展现文化内涵，为游客创造更为丰富的感官体验。

第五，保持人文关怀。即便在科技体验中，仍需保持人文关怀的理念。数字人文项目不仅仅是为了展示技术的新奇，更是为了传递文化的温度和情感。在科技体验中融入人性化的设计、温馨的服务，可以增加游客的情感共鸣，使其在科技与人文的融合中获得更深层次的满足感。

在推出数字人文旅游产品时，应注重互动体验，打破时空限制，结合智能导览、多媒体融合以及保持人文关怀，以更全面地提升游客的科技体验感。这样的数字人文项目不仅在科技方面具有新颖性，更能够传承和创新文化，使游客在体验中既感受到科技的冲击，又深切地体验到文化的内涵。

（三）融入本地旅游产品线，打造城市文化新地标

图书馆具有成为城市文化新地标的潜力，通过积极合作与创新调整，可以逐渐在城市的文化景观中崭露头角。与本地负责部门的合作是实现这一目标的关键步骤之一。通过与城市规划局、旅游局等部门密切协作，图书馆可以更好地融入城市的整体发展战略，形成共赢局面。合作可以包括在城市文化活动中积极参与、共同策划的文化节庆，以及与其他文化活动的联动合作等。这样的合作将有助于提升图书馆在城市文化中的地位，使其更加贴近城市居民和游客的生活。

调整图书馆产品细节是实现吸引力提升的重要一环。这不仅包括丰富的馆藏和数字资源，还涉及图书馆建筑和空间设计、服务项目的创新等方面。例如，可以通过打造独特的阅读环境，引入现代科技元素，以及提供多样化的文化体验项目，使图书馆不仅仅是传统的阅读场所，更是一个文化创意的

聚集地。这样的调整能够使图书馆更加吸引不同年龄层次的读者，为城市的文化形象注入新的活力。

融入城市旅游品牌路线是将图书馆与城市文化更深度结合的手段。通过与旅游部门的合作，将图书馆纳入城市的旅游推广计划、城市地图和导览中。同时，图书馆可以开发与城市历史、文化相关的主题导览活动，吸引更多游客前来参观。这样的融入旅游品牌路线，不仅有助于扩大图书馆的知名度，也为城市的旅游业注入新的文化元素。

逐渐获得大众认知是建立图书馆文化地标形象的关键步骤。这可以通过广泛的宣传、社交媒体推广等方式来实现。借助本地媒体、社区合作伙伴和文化活动的平台，图书馆可以积极传播自身的特色和优势，提高在大众心目中的知名度。同时，参与城市各类文化活动，开展文化推广活动，使图书馆逐渐融入城市居民的文化生活，成为大家喜爱的文化场所。

（四）开展线上线下联动宣传，提高图书馆文旅产品知名度

在数字文旅融合中，图书馆需要善于运用网络宣传，借助线上和线下多重手段，巧妙推广自身文化服务。除了在微信、微博、短视频等多平台展开线上推广外，线下宣传是同样重要的一环。通过文化扇、城市通勤卡等文化宣传产品，使得用户在日常生活中更深度地参与，形成线上线下联动，从而提高图书馆的知名度和关注度。

第一，利用文化扇等宣传产品。文化扇作为一种富有文化氛围的传统宣传工具，可以设计图书馆特色的文化宣传内容，将其印制在文化扇上。这样的扇子既可以作为独特的文化礼品，也可以在夏季广告投放中使用，增强图书馆的形象。通过在炎热的夏季提供给市民清凉和知识的双重享受，更容易引起公众的关注。

第二，运用城市通勤卡。城市通勤卡是人们日常生活中常用的交通工具，将图书馆的文化宣传内容印制在卡片上，可以使图书馆的信息在城市中得到更广泛的传播。这种形式不仅为用户提供了方便，也通过与日常生活的紧密结合，增加了用户对图书馆的感知。

通过这样的线上线下宣传方式，图书馆能够实现全方位的品牌推广。线

上推广通过社交媒体等平台迅速传播，形成口碑效应，而线下宣传则能够深入日常生活场景，加强公众与图书馆的互动。这种联动宣传方式既符合现代社会信息传播的多元化趋势，又能够更全面地提高图书馆的知名度和关注度。在数字文旅融合时代，这种全方位的宣传策略将有助于吸引更多用户，使图书馆在文旅融合中扮演更为重要的角色。

参考文献

[1]施静华，蔡迎春.图书馆服务创新案例赏析[M].北京：国家图书馆出版社，2023.

[2]杨新涯.图书馆服务共享[M].北京：知识产权出版社，2016.

[3]魏群义.移动图书馆云服务研究[M].北京：科学出版社，2020.

[4]广州图书馆，中山大学国家文化遗产与文化发展研究院.公共图书馆服务创新战略研究报告[M].北京：国家图书馆出版社，2021.

[5]王世伟.国际大都市图书馆服务体系研究[M].北京：国家图书馆出版社，2018.

[6]周玲元."轻应用"背景下智慧图书馆微服务体系构建研究[M].北京：经济科学出版社，2023.

[7]周玉英，王远.5G 环境下智慧图书馆的服务研究[M].北京：北京燕山出版社，2022.

[8]朱强，别立谦.泛在信息社会与图书馆服务转型[M].北京：人民出版社，2018.

[9]李菲.图书馆移动服务模式研究[M].北京：科学出版社，2023.

[10]郭燕平，王锐英.大数据时代的图书馆信息服务模式变革[M].北京：中国建筑工业出版社，2018.

[11]黄冬霞，白君礼，罗红彬.图书馆服务创新主体研究[J].图书馆，2022（5）：43-47，53.

[12]费立美，潘颖.图书馆智慧服务模式及其构建研究综述[J].图书馆理论与实践，2022（1）：84-90.

[13]王家玲，王伟赟.基于数字孪生技术的图书馆精准服务研究[J].新世纪

图书馆，2022（6）：49-53.

[14]颜晶，张新鹤.面向公众终身教育的公共图书馆服务体系构建研究[J].图书馆理论与实践，2022（1）：17-21.

[15]陈茜，刘煦赞.公共图书馆准智库建设及其特色服务研究[J].图书馆，2022（12）：15-21.

[16]严雪雁.ChatGPT 技术融入图书馆服务：应用价值、内在挑战与应对策略[J].图书馆，2023（9）：1-9.